DUMONT EXTRA

Chicago

Susanne L. Born

Inhalt

Welcome! *4*
Geschichte *10*

Gut zu wissen! *12*

Sprachführer *14*

Service-Infos und wichtige Adressen *16*

Zu Gast in Chicago *20*
Hotels *22*

Essen & Trinken *30*

Shopping *44*

Nightlife *52*

Kultur & Unterhaltung *60*

Freizeit & Fitness *66*

Sightseeing *68*

Ausflüge ins Umland *80*

Extra-Touren *82*

Extra-Tour 1 *84*
Hochhaus-Highlights

Extra-Tour 2 *86*
Eine Skulpturen-Tour

Extra-Tour 3 *88*
Shopping an der Magnificent Mile

Extra-Tour 4 *90*
Radtour durch den Lincoln Park

Extra-Tour 5 *92*
Oak Park –
Die Präriehäuser des
Frank Lloyd Wright

Impressum/Fotonachweis *94*

Register *95*

Welc

Ein Hochgefühl für Chicago befällt die meisten Besucher sprichwörtlich in der Cocktailbar im 95. Stockwerk des John Hancock Center, vornehmlich bei Sonnenuntergang. Wenn die Straßenbeleuchtung wie von Geisterhand Block für Block eingeschaltet wird, fängt die Stadt zu funkeln an, wird sie zu einem Lichtermeer – die Sonne nur noch ein glühender Ball am Horizont. Dort versinkt sie in

ome!

der Tiefe der Prärielandschaft des Staates Illinois, orangefarben zuerst, dann feuerrot. Eine überwältigende Illumination von Stahl, Beton und Wasser: Eine Stadt wie in Szene gesetzt. Szenisch wirken auch Al Capone und seine Männer mit den Geigenkästen. Doch sie sind lange tot. Dem Klischee von Chicago als Stadt der Gangster wird heute vehement entgegengetreten...

"Sweet home Chicago"

Chicagoans besinnen sich inzwischen längst auf Positives. Man spricht lieber von Arbeiterbewegung und Gewerkschaften statt von Mafia und Alkoholschmuggel. Man wird nicht müde, die unbändige Tatkraft und den agilen Unternehmergeist der Metropole zu loben: z. B. die Kaufhausgiganten Sears & Roebuck, Montgomery Ward, Marshall Field und Carson, Pirie, Scott: Erinnert wird an Kaugummi-Wrigley, an Louis Armstrong und Mahalia Jackson, geschwärmt von der Literatur Saul Bellows und der Poesie Carl Sandburgs.

Midwesterner durch und durch

Das moderne Chicago steht für kulturelle und ethnische Vielfalt, für Sozialreformen, für ein ausgezeichnetes öffentliches Verkehrssystem und für die Freundlichkeit der Bewohner. Sind Amerikaner gemeinhin als freundliche Menschen bekannt, so sind Chicagoer als geradezu reizend zu bezeichnen. Midwesterner eben: unprätentiös, hilfsbereit, auf dem Boden der Tatsachen. Und wer kennt sie nicht, die Idole des Zeitgeists, die

Einfach gut drauf...

neuen Imageträger wie Baseballspieler Michael Jordan, Talk-show-Gastgeberin Oprah Winfrey, Bluesmusiker Buddy Guy, Krimiautorin Sara Paretsky und Journalist Studs Terkel? Terkel ist Chicagoverrückt. Verliebt bis über beide Ohren in die seiner Meinung nach so archetypische amerikanische Stadt, »A city that's really America«. Recht hat er, der Radio-Talker und Buchautor, der kritische amerikanische Intellektuelle mit sozialistischem Background, selbst ein Produkt dieser Stadt.

Vielfalt in den USA heißt auch immer Segregation. In Chicago trennen Lebensstil und Rassenzugehörigkeit. In River North wohnen die Yuppies in schicken *lofts*, in Wrigleyville pflegen Schwule und Lesben ihren Mikrokosmos, an der Milwaukee Avenue leben die Polen, in Pilsen die Mexikaner, in Chinatown die Chinesen und in der South Side die *african americans*. Chicago vereint die Highlights amerikanischer Metropolen: Architektur, Museen, Theater, Nachtleben, Restaurants, Shopping und als besondere Zugabe ein paar echte Sandstrände am Lake Michigan.

Welcome

... ob Fahrradkuriere, Polizistinnen oder Wassermelonenverkäufer

Chicagoer leben gerne in ›ihrer‹ Stadt. Das ist statistisch bewiesen. Laut Umfrage sind 90 Prozent mit der Lebensqualität hochzufrieden. Die Arbeitslosenrate ist so niedrig wie nie zuvor, und dank weitsichtiger Stadtpolitik »Made by Mayor Daley« betteln so wenige *homeless* in den Straßen wie in keiner anderen amerikanischen Großstadt. Dank etlicher Kongresse und Tagungen sowie eines vom Bürgermeisteramt forcierten Tourismus boomt die Wirtschaft.

It's a partytown

In der *partytown* Chicago wird noch geraucht und getrunken, in den Dance- und Bluesclubs die Nacht zum Tage gemacht. »They work hard and they play hard«, heißt es. Wo sonst im puritanischen Amerika hätte ein Hugh Hefner seinen »Playboy« gründen können?

Jazz und Blues aus den Südstaaten, im wahrsten Sinne elektrifiziert zum *chicago-style*, sind die musikalischen Sahnestückchen der Stadt. Die schwarzen Sängerinnen legen es den Besuchern voller Inbrunst ans Herz: »Sweet home Chicago«, da singen sogar die japanischen Touristen mit. Auf den *dancefloors* pulsieren House und Modern Funk, beide Stilrichtungen sind Produkte Chicagoer Deejays aus der Schwulenszene. Sie begannen hier ihren Siegeszug durch die Clubs der westlichen Hemisphäre. Ein experimentelles Tanztheater von Twyla Tharps Hubbard Street Dance Company hat in Chicago ebenso ein Zuhause wie die klassische Musik vom Chicago Symphony Orchestra unter der Leitung des berühmten Daniel Barenboim und die herausragenden Ausstellungen im Art Institute.

Grundnahrungsmittel der *Chicagoans* sind traditionell zarte gegrillte Steaks, Barbecue-Gerichte und Hot Dogs. Doch neuerdings durchziehen auch die Düfte einer modernisierten amerikanischen Küche die Restaurants. Charlie Trotters Multi-Kulti-Rezepte, Suzy Croftons leichte Klassiker und Steven Chiapettis geniale Desserts sind die neuen Objekte kulinarischer Begierden: Feinschmecker zwischen Ost- und Westküste der USA feiern die feinen Lokale Chicagos als Entdeckung.

Unbedingt einen Besuch wert: das 95. Stockwerk des Hancock Center mit Blick auf die Skyline von Chicago

Trotz der Größe und einer Einwohnerzahl von fast drei Millionen ist Chicago überschaubar. Das hatten Städteplaner so angelegt, als das Große Feuer 1871 nicht mehr viel von den Holzhäusern übrigließ. Der Sage zufolge ist das der Kuh von Mrs. Leary zu verdanken, die ungeschickterweise eine Öllampe umstieß und erst ihren Stall und schließlich ganz Chicago in Brand setzte. Es ist nicht überliefert, was aus der Kuh geworden ist, Chicago jedenfalls ist heute ein architektonisches Meisterstück.

Die Stadt von Daniel Burnham, Dankmar Adler und Louis Sullivan, von Ludwig Mies van der Rohe und Frank Lloyd Wright, von Frank Gehry und Helmut Jahn spiegelt eindrucksvoll Großstadt-Architektur der letzten 100 Jahre. Chicago-typisch ist auch das Konzept, Skulpturen als öffentliche Kunst zu betrachten und inmitten der Straßenschluchten und auf Plätzen sichtbar zu machen – Picasso, Miró und Chagall sind mit großformatigen Meisterwerken vertreten. Architektur und Skulptur sind in Chicago eine spannungsreiche Beziehung eingegangen. Mal stehlen sich die Partner die Schau, pflegen eifersüchtig das eigene

Welcome

Ego, mal geben sie sich in gegenseitigem Respekt ungeteilter Bewunderung hin.

Der gesamte Innenstadtbereich – vom südlichen Loop die Einkaufsmeile Michigan Avenue entlang bis zum nördlich gelegenen Lincoln Park – ist bequem zu Fuß zu durchstreifen. Und nach einer Weile wird es zur Gewohnheit, während des Gehens eine andere Perspektive zu wählen und nach oben zu schauen: Fassaden aus Glas und Stahl, Simse, Ornamente, Fenster, Prärie-Stil, Art-déco und Postmoderne – diese ungewöhnliche Betrachtungsweise kann ein spannender Zeitvertreib sein.

Wer die Stadt auf einer der Ausfallstraßen verläßt und einen Blick zurückwirft, sieht die Skyline mit »Big John«, dem John Hancock Center, von dessen Cocktailbar im 95. Stock man erst vor ein paar Tagen auf die Stadt hinunterblickte. Und man fragt sich, was geblieben ist vom Erlebnis Chicago? Die Nächte in den Bluesclubs, die Spaziergänge durch die Straßenschluchten, die Fahrt mit der kreischenden Hochbahn, Begegnungen mit *Chicagoans*, Ansichten bei Nacht – so vieles, und so intensiv erlebt. Ein Wiederkommen ist da unausweichlich: »See you soon! Sweet home Chicago«.

Geschichte

Knalliges Spektakel: Gangstertouren

1770	Der haitianisch-afrikanische Händler Jean Baptiste Du Sable ist der erste Siedler am Chicago River.
1833	Die Siedlung hat 300 Einwohner und nennt sich bereits offiziell Chicago. Industrieansiedlung, Landbestellung und -spekulation beginnen.
1848	Die Schlachthöfe entstehen. Von den inzwischen rund 300 000 Einwohnern sind die Hälfte Einwanderer aus Europa. Die neue Eisenbahn befördert Stoffe, Holz, Uniformen und Fleisch.
1871	Das Große Feuer (The Great Chicago Fire) vernichtet fast die gesamte Stadt – ein Glücksfall für ambitionierte Architekten aus aller Welt: Industrielle bezahlen für den Wiederaufbau.
1889	Der erst 23jährige Architekt Frank Lloyd Wright baut in Oak Park sein erstes Wohnhaus.
1893	Der 400. Jahrestag der ›Entdeckung‹ Amerikas durch Christoph Columbus wird mit der World Columbian Exposition gefeiert.
1894	Unmenschliche Arbeitsbedingungen führen zur Gründung von Gewerkschaften – schwarze und weiße Arbeiter streiken gemeinsam für höhere Löhne. Washington schickt Truppen nach Chicago, um den »sozialen Frieden zu sichern«.
1903	Theodore Roosevelt wird als Präsidentschaftskandidat der Republikaner aufgestellt.

Geschichte

1919–1933	Die Prohibition bringt rivalisierende Banden gegeneinander auf, die den Alkoholschmuggel kontrollieren. Chicago wird zur Hochburg der amerikanischen Mafia.
1931	Mafiaboss Alphonse ›Al‹ Capone wird wegen Steuerhinterziehung angeklagt und zu acht Jahren Gefängnis verurteilt.
1955	Richard J. Daley wird erster gewählter Bürgermeister der Stadt. Nach sechs Wiederwahlen bleibt er bis zu seinem Tod im Jahr 1976 im Amt.
1968	Die Ermordung von Reverend Dr. Martin Luther King Jr. führt zu Rassenunruhen in der South und der West Side. Vor den Türen der Nationalversammlung der Demokratischen Partei machen Demonstranten mit dem Schlachtruf »The whole world is watching« auf Rassendiskriminierung aufmerksam.
1983	Nicht unumstritten wird Harold Washington erster schwarzer Bürgermeister von Chicago. Nach seinem mysteriösen Tod fünf Jahre später wird Richard M. Daley, Sohn des legendären Richard J. Daley, Stadtoberhaupt. Er ist bis heute im Amt.
1992	Eine Staumauer bricht ein, und der Loop wird von Wasser aus dem Chicago River überflutet.
1993	Die Baseballer der Chicago Bulls gewinnen zum drittenmal in Folge die US-Meisterschaft. Michael Jordan wird zum Nationalheld.
1994	Die erste Fußballweltmeisterschaft in den USA wird im Stadium Soldier Field mit großem Prunk und einem 1:0 Sieg Deutschlands über Bolivien eröffnet.
1996	Der Sears Tower wird von den Petronas Towers in Malaysia als höchstes Gebäude der Welt abgelöst.
1997	Im Art Institute wird eine Renoir-Ausstellung eröffnet, die bis zu ihrer Schließung eine Rekordbesucherzahl von einer knappen halben Million anzieht.
1998	Wiedereröffnung des 1925 erbauten Oriental Theaters als Aufführungsort für Broadway-Musicals. Die Chicago Bulls gewinnen sensationell zum sechstenmal die US-Baseball-Meisterschaft.

Gut zu wissen!

Bars und Restaurants: Selbst im unscheinbarsten Diner heißt die Regel »Please wait to be seated«. Sie bedeutet, daß Gäste von einer Empfangshostess zu einem freien Tisch begleitet werden. Es handelt sich jedoch nicht um ein Diktat, selbstverständlich können Sie um einen anderen Tisch bitten. Eine Faustregel: Je vornehmer das Restaurant, womöglich noch mit französisch klingendem Namen, desto höher die Rechnung. In Chicago darf in vielen Restaurants noch an den Tischen – nicht an der Bar – geraucht werden. In vielen Trendlokalen wird sogar zum Zigarettenrauchen animiert. In Bars gibt es keine Getränkeliste, die z. B. all die leckeren Cocktails auflistet, der Bartender wird jedoch nichts lieber tun, als seinen *favorite cocktail* zu servieren.

Einkaufen: In beinahe allen Geschäften kann man mit einer Kreditkarte (am gängigsten sind Mastercard/Eurocard und Visa) sowie mit Traveller Checks bezahlen. Trotzdem ist es sinnvoll, für kleine Einkäufe wie Postkarten, Tageszeitung, Hot Dog oder die Taxifahrt immer ein wenig *cash* dabeizuhaben. Insbesondere in preiswerten Discountläden und Outlets wird lediglich Bargeld akzeptiert. Wer mit einer 100-Dollar-Note bezahlt, wird mißtrauisch beäugt, denn zu viele Blüten sind im Umlauf. Daher am besten kleinere Stückelung (Zehner, Zwanziger, Fünfziger) eintauschen. Chicagoer Geschäftsleute sind i.a. ehrlicher als beispielsweise in New York oder Miami, trotzdem sind Preisvergleiche ratsam. Das gilt auch für elektronische Artikel, die wesentlich preiswerter sind als in Deutschland. Wichtig ist, sich nach der Garantie zu erkundigen, am besten auf einer *worldwide warranty* bestehen!

Kleidung: Ein Blick auf die Klimatabelle macht deutlich: im Winter arktische Kälte, im Sommer ausgesprochene Hitze. Diese Extreme haben schon viele Besucher zum kompletten Neueinkauf der Garderobe gezwungen. In der Zwischensaison herrscht gemäßigtes Wetter wie in Nordeuropa, d. h. Anfang April wird es warm und Mitte Oktober kalt. In Chicago geht es *casual* zu, also bequem. In Bekleidungsstücken ausgedrückt heißt das Jeans und Hemd bzw. Bluse, darüber ein Blazer. Anders in feinen Restaurants, wo sich die *Chicagoans* gerne ein wenig schicker zeigen. Ein Tip: immer eine zusätzliche Jacke dabeihaben, auch im Winter blasen die Klimaanlagen auf Hochtouren.

Kleiner Knigge: Wer von amerikanischen Freunden oder Geschäftspartnern zum Abendessen eingeladen wird, nimmt am besten einen großen Blumenstrauß oder eine gute Flasche Wein mit. Süßes wie Pralinen ist nicht so beliebt

Gut zu wissen

Publikationen

Mit Nachrichten und Features aus den gesamten USA sowie einer Lokalseite ist die »Chicago Tribune« die größte Tageszeitung, danach folgt die »Chicago Sun-Times« mit hauptsächlich loka len Nachrichten. Der »Daily Defender« richtet sich an die African-Americans, der »Chicago Reader« ist eine kostenlose wöchentliche Zeitung mit vielen Veranstaltungstips. »New City« ist ebenfalls kostenlos, erscheint wöchentlich und kündigt kulturelle Veranstaltungen – insbesondere Galerieeröffnungen – an. Das Hochglanzmagazin »Chicago« enthält Restaurant- und Veranstaltungstips. »Windy City Times« ist eine unentbehrliche Informationsquelle für Lesben und Schwule. Sehr touristisch ausgerichtet ist das mit viel Werbung versehene Blatt »Where«, das in den Hotelzimmern ausliegt. Objektiver hingegen ist der vom »Chicago Convention & Visitors Bureau« herausgegebene »Official Visitors Guide«, der viermal pro Jahr neu aufgelegt wird. Daneben existieren zahlreiche Publikationen für die jüdische, polnische, koreanische und spanische Gemeinschaft.

(Diäten), es sei denn, sie kommen aus deutscher oder schweizer Herstellung. Pünktlichkeit ist gern gesehen. In Chicago kommt es häufig vor, daß man mit »Sir« bzw. »Ma 'am« (madam) angesprochen wird. Niemand erwartet dasselbe von Ihnen. Eher rüde hingegen ist der Umgangston der energisch pfeifenden Verkehrspolizistinnen, die in Chicago viele Ampeln ersetzen. Einfach der Anweisung folgen und bloß nicht ohne Aufforderung die Straße überqueren. Das wird im Handumdrehen mit einem Ticket bestraft. Der allgemeine Umgangston ist wenig formell, ein »Hi« oder »How are you doing« reichen zur Begrüßung völlig aus.

Orientierung: Es ist fast unmöglich, sich in Chicago zu verlaufen. Der Chicago River formt ein Y, das die Stadt in North Side, South Side und West Side aufteilt. Downtown wird auch als Loop (Schleife) bezeichnet. Die Numerierung der Straßen beginnt an der Kreuzung von State Street und Madison Street. 400 Hausnummern sind ca. eine Meile.

Trinkgeld: Die mit höchstens fünf Dollar pro Stunde, meistens jedoch sehr viel weniger oder gar nicht bezahlten Kellner sind auf den *tip* angewiesen. Gute Bedienung sollte mit 15 bis 20 Prozent der Endsumme ohne Steuer belohnt werden. Am Ende einer Taxifahrt wird großzügiges Aufrunden erwartet. Beträgt die Summe beispielsweise 17,50 , sind 20 Dollar durchaus angemessen.

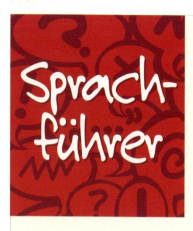

Sprachführer

Durch die ethnische Vielfalt in Chicago gibt es keinen einheitlichen Slang. Wer die amerikanische Serie »ER – Emergency Room«, die in Chicago spielt, einmal im Original gesehen hat, weiß Bescheid. Die Latina, der Schwarze, der Jude, der Pole – alle sprechen Englisch mit unterschiedlichen Akzenten. Weil der Bevölkerungsanteil der aus den Südstaaten zugewanderten *african americans* so groß ist, sind viele Slang-Ausdrücke aus Mississippi, Louisiana und Georgia zu hören. Manchmal ist es auch mit passablen Englischkenntnissen unmöglich, einer Unterhaltung zwischen zwei Schwarzen zu folgen. Grundsätzlich gilt: die *Chicagoans* haben noch Zeit für einen kleinen Schwatz zwischendurch. Vor allem mit Touristen »*from Europe*«. Im folgenden eine kleine Hilfestellung:

Im Hotel

Have you got a room? – Der Frage nach einem freien Zimmer am besten noch hinzufügen »*...if possible one to the back*«, denn nach hinten raus schläft es sich viel ruhiger. Ob die Matratze Full Size, Queen Size oder King Size ist (Full Size kann für zwei Personen etwas schmal sein, King Size ist extrem breit) macht im Preis meistens keinen Unterschied. Der Übernachtungspreis für zwei Personen ist derselbe wie für eine Person.

Can you give me a special rate? – Nicht nach dem regulären Preis, gleich nach einer Ermäßigung fragen und unaufgefordert eine Visitenkarte vorlegen. Das wirkt oft Wunder.

Does the rate include breakfast? – Ob das Frühstück im Preis enthalten ist, kann erheblich zur Preisgestaltung des Urlaubs beitragen. Wer wissen will, ob auf Lunch verzichtet werden kann, fragt, um »*What kind of breakfast*« es sich handelt, entweder Croissants (Deckname »*Continental*«) oder Spiegelei und Würstchen (»*full breakfast*«). Kaffee wird ohne Aufpreis nachgeschenkt.

Im Restaurant

Breakfast – Frühstück. Die Spiegeleier werden je nach Wunsch *over easy* (mit Deckel drauf gebraten), *sunny side up* (von einer Seite gebraten) oder *scrambled* (Rührei) serviert, die Toastauswahl heißt *wheat* (Weizen), *rye* (Roggen) oder *white* (Weißbrot).

Lunch – Mittagessen. Die Amerikaner verstehen darunter eine Suppe mit Sandwich oder Salat. *Luncheon specials* sind besonders günstig.

Dinner – Abendessen. Egal welches Lokal welcher Klasse Sie besuchen, die Preise sind in etwa wie zuhause. Nur der Service ist besser. Wenn einmal etwas nicht schmeckt, wird bedauernd abgeräumt und das Gericht erscheint nicht auf der Rechnung.

Sprachführer

Menu – nicht zu verwechseln mit Menü, bezeichnet die Speisekarte, *wine list* die Getränkekarte. Manchmal kunstvoll handgeschrieben, manchmal so bunt wie aus dem Werbefernsehen. Speisekarten von Ed Debevic's und Denny's haben inzwischen Sammlerwert.

Salatdressing – zumeist aus Riesengläsern für den Gastronomiebedarf abgefüllt, mit Vorsicht zu genießen. Die Varianten: Italian, French, Thousand Island und Blue Cheese. Im Zweifelsfall nach *oil and vinegar* (Essig und Öl) oder *honey mustard* (Honigsenf) fragen.

Restroom – *bathroom*, die Toiletten werden in besseren Restaurants auch Ladies/Mens Room oder Powder Room (nur für Frauen) genannt. Bloß nicht nach »The Toilet« fragen! Das gilt als unfein.

The check please – der unangenehme Teil des Essens, die Rechnung. Wer zu lange sitzen bleibt, bekommt sie mit den hingeheuchelten Worten »I'll take care of that whenever you're ready« unaufgefordert vorgelegt.

Only in Chicago

Chi-town – meint Chicago.
The Hawk is biting – der beißende Wind, der im Winter durch Chicago fegt.
If you can't make it here, you can't make it anywhere – Wenn Du es hier nicht schaffst, dann nirgends. Durchaus ernstgemeinte Abwandlung von Sinatras Hymne an New York.
Catch the El – Mit der Hochbahn (›elevated train‹) fahren.
Boul' Mich – Michigan Avenue
Cliff Dwellers – Bezeichnung für die Bewohner der Hochhäuser am Lake Michigan.

Yeah, I know right? – Stimmt doch, nicht wahr? Am Ende beinahe jeder auch nur annähernd wichtig erscheinenden Aussage.
Not too cold/warm/windy today, isn't it? – Heute ist es nicht zu kalt/warm/windig, nicht wahr? Das Wetter ist Thema Nummer eins, erzählen Sie ruhig vom Wetter daheim.

Small Talk

Knowwhatimean? – »Do you know what I mean?«, Sie wissen schon, was ich meine. In jeder auch noch so kurzen Unterhaltung zehnmal enthalten. Bedarf keiner Antwort.
Hey man oder Hey dude – Begrüßung unter Männern, die besonders cool sein wollen, meistens mit einem gegenseitigen in-die-Hände-klatschen und anschließendem Schultertätscheln verbunden.
Whatchadoinhere? – »What are you doing here?« Was treibt Dich/Sie denn hierher? Muß nicht in epischer Breite erläutert werden. Beste und bequemste Antwort: »Just checkin'« – ich schau' mich nur ein bißchen um.
See you later – Nicht wörtlich nehmen. Sagt jeder Verkäufer im Supermarkt. Am besten mit »mach's gut« zu übersetzen.
Howyoudointoday? – »How are you doing today? « Wie geht es Ihnen heute. Antwort nicht vertiefen. »Just fine, how are you?« ist ausreichend, »I'm OK« hingegen bedeutet, daß es Ihnen nicht so besonders geht.
You go Girl! – »Jetzt zeig's denen aber« sowie »Richtig so«. Bei Sportveranstaltungen, musikalischen Darbietungen und überhaupt immer dann benutzt, wenn eine Frau zur Höchstform aufläuft.

Reise-Service

Auskunft

...für Deutschland, Österreich und die Schweiz
Fremdenverkehrsamt Illinois:
Scheidswaldstr. 73
60385 Frankfurt/M.
Tel. 069/44 33 53
Fax 069/43 96 31
Informationsmaterial über Chicagos wichtigste Sehenswürdigkeiten, Hotels und Restaurants. Darüber hinaus sind auch Broschüren über den Bundesstaat Illinois erhältlich.

Chicago im Internet

Allgemein:
http://www.ci.chi.il.us./Tourism
Chicago:
http://www.chicago.il.org
Illinois:
http://www.enjoyillinois.com

DuMont im Internet

http://www.dumont.de

Informationen in Chicago

Chicago Cultural Center:
77 E. Washington St./N. Michigan Ave. (D 5), Tel. 744-2400,
Mo–Fr 10–18, Sa 10–17,
So 12–17 Uhr.
CTA: Randolph/Wabash
Broschüren, Anregungen für *walking tours* und Auskünfte aller Art. Mit Ton-Diashow »Historisches Chicago« und bemerkenswerter Bücherei.

Historical Water Tower:
806 N. Michigan Ave./Chicago Ave. (F 7/8), Mo–Sa 9.30–18, So 10–17 Uhr, in den Sommermonaten ist das Büro jeweils eine Stunde länger geöffnet. Auskünfte unter Tel. 744-2000.
Multimediashow »Here's Chicago«, Informationen über Veranstaltungen, Hotels etc.

Chicago Convention & Tourism Bureau:
McCormick Place on the Lake (südl. H 12), Tel. 567-8500.
Auf Prospekte spezialisierte Info-Zentrale.

Behinderte

Alle neuen Geschäfte, Hotels, Restaurants und Ämter müssen per Gesetz Hörgeräte, Parkplätze sowie rollstuhlgerechte Rampen für Behinderte bereitstellen. Alle bereits existierenden Geschäfte sind angehalten, für verbesserte Zugänge zu sorgen. Die vorderen Sitze in den öffentlichen Transportmitteln von CTA sind Behinderten vorbehalten.
Infos: Mayor's Office for People with Disabilities, Tel. 744-6673.

Reisezeit

Die Stadt kann das ganze Jahr über besucht werden, angenehm sind aber besonders Frühling und Herbst mit warmen Temperaturen um die 20 Grad. Man kann natürlich auch im Winter oder im Hochsommer nach Chicago reisen. Allerdings muß mit Extremen wie eisigem Wind, Schneestürmen bzw. Hitzewellen gerechnet werden.

Einreise

Wer nicht länger als 90 Tage in den USA bleiben möchte, benö-

Reise-Service

tigt einen noch sechs Monate gültigen Reisepaß. Im Flugzeug müssen dann ein Formular mit persönlichen Angaben sowie eine Zollerklärung ausgefüllt werden. Die Beamten der Immigrationsbehörde stellen meistens Fragen zum Grund der Reise und nach dem geplanten Aufenthaltsort. Das ist völlig normal. Wer einen ausgedehnten Aufenthalt plant, benötigt ein Visum, das von den amerikanischen Behörden ausgestellt wird.

Zoll: Keine Lebensmittel einführen! In den USA fürchtet man immer noch eine Borkenkäfer-Epidemie. Zigaretten und Alkohol besser in den USA kaufen, wo beides viel billiger ist.

Ankunft

Mit dem Flugzeug

Täglich fliegen alle bekannten Airlines zum Teil mehrmals von Europa nach Chicago. Von Frankfurt aus dauert der Direktflug 9,5 Stunden hin und 8,5 Stunden zurück. Die Flüge kommen meistens nachmittags in Chicago an, so daß ausreichend Zeit zum Einchecken in das Hotel und eine erfrischende Dusche bleibt, bevor man Chicago erkundet. Chicago hat zwei Flughäfen, in Chicago O'Hare landen alle internationalen Flieger, Midway fertigt nationale Fluggäste ab.

Vom Airport O'Hare in die Stadt:

Bus: Zwischen 6 Uhr morgens und 23.30 Uhr verkehren die Busse von Continental Air Transport (Tel. 454-7800) im Rhythmus von 15 Minuten. Es werden alle großen Hotels angefahren. Außerdem gibt es Busse von RTA (Regional Transit Authority, Tel. 836-7000), die auch in die Vorstädte fahren. Abfahrt an Tür 1G von Terminal 1, an Tür 2A von Terminal 2 und an Tür 3A von Terminal 3.

Zug: Die Linie O'Hare/Congress/Douglas fährt rund um die Uhr auf der Ebene des Terminal 4 ab und hält im Loop. Allerdings: Es sind viele Treppen zu bewältigen, mit Koffern sehr mühselig.

Taxi: Außerhalb der Abfertigungshalle warten zahlreiche *cabs*, die vom Flughafenpersonal herangerufen werden. Fragen Sie vor dem Fahrtantritt nach dem Preis – zum Loop in Richtung Downtown sollte er 40 Dollar nicht oder nur geringfügig übersteigen. Nach dem langen Flug ist das Taxi die empfehlenswerteste Transportart.

Leihwagen: Alle großen Autovermieter haben ihre Stationen in den Terminals 1, 2 und 3. Sie sind rund um die Uhr geöffnet. Terminal 4 hat nur einen Telefonservice.

Mit der Bahn

Als frühere Handelsstadt ist Chicago schon traditionell aus allen Himmelsrichtungen per Bahn zu erreichen. Amtrak-Züge verkehren von Los Angeles, Dallas, Philadelphia, New Orleans, St. Louis, Seattle und New York.

Union Station:
210 S. Canal St., Tel. 655-2385.

Mit dem Greyhound

Die preiswerten und unterhaltsamen Fahrten mit dem Greyhound lohnen sich bei kürzeren Strecken. Zu weiter entfernten Städten ist man sehr lange unterwegs.

Reise-Service

Greyhound Station:
630 W. Harrison St.,
Tel. 402/341-1900 oder
1-800-231-2222.

Mit dem Auto

Die Interstate 80 und die Interstate 90 gehen in den Skyway und dann in den Dan Ryan Expressway über, der dann direkt nach Chicago führt. Abfahrt ist Ohio Street (nördliches Downtown) oder Congress Parkway (südlicher Loop). Fahrtdauer je nach Verkehrsaufkommen zwischen einer halben und eineinhalb Stunden. Wegen der vielen Einbahnstraßen und der so gut wie nicht vorhandenen Parkmöglichkeiten ist ein Leihwagen in Chicago nicht empfehlenswert – zumal Taxifahrten sehr günstig und das öffentliche Verkehrssystem gut ausgebaut ist.

Unterwegs in Chicago

Bahn

Das öffentliche Verkehrssystem (Chicago Transit Authority, CTA) umfaßt Bus- und Bahnlinien. Die Bahn fährt auf sieben Strecken, größere Terminals befinden sich in den Downtown-Stationen Union Station, LaSalle Street Station, Northwestern Station und Randolph Street Station. Manchmal wird die U-Bahn zur Hochbahn und heißt dann EL (für *elevated train*). Die meisten Züge verkehren rund um die Uhr, in den Stoßzeiten morgens und ab 16 Uhr häufiger. Tickets müssen aus Automaten gezogen werden, die an allen Stationen vorhanden sind. Es handelt sich dabei um aufladbare Tickets, d.h. ihr Wert entspricht der Summe des eingeworfenen Geldes, und bei jeder Fahrt wird die Fahrtsumme vom gespeicherten Guthaben abgezogen. Die sogenannte CTA Transit Card ist in Bahnen und Bussen gültig. Der verbleibende Wert wird an allen Automaten und Entwertern angezeigt. Kinder unter sieben Jahren fahren in Chicago kostenlos, zwischen sieben und 12 Jahren zahlen sie die Hälfte.

Fahrpläne sind in den U-Bahn-Stationen erhältlich. Eine One-Way-Fahrt kostet 1,50 $. Vorsicht: Nach Einbruch der Dunkelheit ist es nicht ratsam, den *elevated train* zu benutzen. Die in diesem Buch angegebenen CTA-Stationen beziehen sich auf Bahn-Stationen.

CTA-Zentrale: Tel. 836-7000

Bus

Das Bussystem ist gut ausgebaut, leicht verständlich und vor allem sicher. Wer beispielsweise von der Magnificent Mile zum Loop fahren will, hat die Wahl zwischen drei Buslinien. Die meisten CTA-Busse verkehren zwischen 6 Uhr und Mitternacht, einige Routen sogar rund um die Uhr. Wer keine Transit Card erworben hat, muß in Bussen mit *exact change*, und zwar 1,50 $ (Dollarnote wird akzeptiert) bezahlen.

Taxi

Taxifahrten sind günstig, bequem und in den Abend- und Nachtstunden die einzig empfehlenswerte Alternative. Am Armaturenbrett des Fahrzeugs ist eine Karte mit Foto und Namen des Fahrers angebracht. Die meisten

Reise-Service

sind freundlich, sollte es jedoch zu einer unangenehmen Situation kommen, sprechen Sie ihn mit Namen an. Die besten Unternehmen sind:
Checker Taxi Co: Tel. 243-2537
Yellow Cab: Tel. 829-4222.

Fahrrad

In der Innenstadt kommt Fahrradfahren eher einem Selbstmordunternehmen gleich, an der Lakefront und in Chicagos vielen Parks ist es jedoch ein ganz besonderes Vergnügen. Die Fahrradwege am Lake Michigan und im Lincoln Park sind gut ausgebaut und bieten gleichzeitig tolle Ausblicke auf See und Skyline. Bike-Chicago (Tel. 944-2337) hat sechs Vermietstationen, u. a. am Oak Street Beach und am Lincoln Park Zoo. (Extra-Tour 4, s. S. 90f.)

Stadtführungen

Chicago Architecture Foundation (CAF): 224 S. Michigan Ave. (F 10) Tel. 922-3432
CTA: Adams/Wabash
Das renommierte, auf Architektur spezialisierte Unternehmen bietet 50 verschiedene Touren zu Fuß, per Boot, per Fahrrad und mit dem Bus an.
CAF River Cruise: Michigan Ave. Bridge (E 8), unterhalb des Wrigley Building am Bootsanleger, Tel. 902-1500. Reservierungen notwendig. Mai–Okt.
Architektur im Loop vom Chicago River aus. Wegen der tollen Blicke in die Straßenschluchten auch für Architekturbanausen interessant. Abfahrten eineinhalbstündlich. Tickets 17 $.

Untouchable Gangster Tour: 806 N. Michigan Ave., (Visitors Center, F 7), Tel. 773/881-1195. Die Tour vermittelt einen manchmal nicht ganz ernstzunehmenden Einblick in die Ära der Prohibition inklusive diverser Gangstergeschichten.

Weitere Rundgänge

Loop Walking Tours: Treffpunkt im Souvenirshop der CAF, 224 S. Michigan Ave./Jackson Blvd. (F 10), Tel. 922-3432.
CTA: Adams/Wabash
Man kann zwischen den Rundgängen »Early Skyscrapers« und »Modern und Beyond« wählen. Hinterher ist jeder ein Architekturfan. Tickets 10 $.
Chicago Neighborhood Tours: Treffpunkt im Chicago Cultural Center, 78 E. Washington St./ N. Michigan Ave. (F 9), jeden Sa. um 9.30 Uhr.
CTA: Randolph/Wabash
Bewohner zeigen in wöchentlichem Wechsel ›ihre‹ Stadtviertel, u. a. das ›Schwarze‹ Chicago, das Viertel der eingewanderten Polen, eine puertorikanische *neighborhood* etc. Only in Chicago – ein Muß! Tickets (Erwachsene 26 $, Kinder 24 $) im Cultural Center oder unter Tel. 742-0079.
Frank Lloyd Wright Home & Studio Tour: Gingko Tree Bookshop, 951 Chicago Ave. Oak Park, Tel. 708/848-1976.
CTA: Oak Park (Green Line)
Hier gibt es eine Führung durch das erste Wohnhaus und Arbeitsstudio des Architekten Frank Lloyd Wright. Offizieller Geburtsort der »Prairie School Architecture« heute ein bauhistorisches Museum. Tickets 8 $, Kinder 6 $ (Extra-Tour 5, s. S. 92f.).

Zu Gast i

Wo finden Sie aufregende Architektur, verrauchte Jazz- und Bluesclubs, wo sind die verrücktesten *performances* und die besten Ausstellungen? Wo sind die derzeit beliebtesten Lokale, der Discount-Buchladen, und wo trifft sich *straight* oder *gay* zum ausgelassenen Nightlife? Dieser Chicago-Führer gibt Ihnen nützliche Tips und ausgewählte Adressen an die Hand, damit ihr Aufenthalt zu einem Er-

n Chicago

lebnis wird. Die große Extra-Karte hilft bei der problemlosen Orientierung, denn die Gitternetzangaben bei allen Adressen ersparen langes Suchen. Zudem sind die wichtigsten Sehenswürdigkeiten auf dieser Karte besonders hervorgehoben. Wer Chicago jedoch aus einer nicht ganz gewöhnlichen Perspektive kennenlernen will, sollte sich von den Extra-Touren ab Seite 82 leiten lassen...

Hotels

Chicago ist eine *convention city*, die US-Stadt mit den meisten Kongressen. Daher gibt es große Hotels mit vielen Zimmern, in denen vor allem an den Wochenenden die Betten leer bleiben. Und deshalb sind günstige Zimmerpreise garantiert.

Wer Wert auf viel Luxus und ein vornehmes Ambiente legt, wird ebenso zufriedengestellt wie Individualisten mit Vorliebe für eine charmante Unterkunft mit persönlichem Service.

Das Frühstück ist im Zimmerpreis meistens nicht enthalten, einige Hotels bieten in der Lobby Kaffee und ein trockenes Kuchenstückchen an oder verweisen auf ihr Restaurant. Viel zu teuer! Das kleine Diner um die Ecke wird Ihnen ein günstiges amerikanisches Frühstück mit Eiern und Schinken servieren.

Eines ist übrigens noch ganz wichtig: Oft sind die Unterkünfte preiswerter, wenn sie daheim im Rahmen eines Pauschalarrangements (Flug und Hotel) gebucht werden. Vor Ort sollte man unbedingt nach einer Ermäßigung (*special rate*) fragen. Ein Doppelzimmer im Mittelklassehotel kostet rund 120 Dollar plus Steuern.

Günstig – ab 80 $

Bed & Breakfast Chicago
Tel. 951-0085
(Vermittlungsagentur)
DZ ab 85 $
Die meisten B & B's befinden sich in Downtown sowie den Stadtteilen Gold Coast, Lincoln Park und Old Town. Privat zu übernachten ist vor allem bei Alleinreisenden beliebt: Familienanbindung ist garantiert. Ebenso inklusive ist ein kleines Frühstück. Nachteil: Das Badezimmer muß manchmal mit anderen Gästen geteilt werden. Dieselbe Agentur vermittelt auch möblierte Apartments.

Blackstone Hotel (F 10)
636 S. Michigan Ave./Balbo St.
Tel. 427-4300, Fax 427-4736
CTA: Harrison
DZ ab 80 $
Ein charmantes Grandhotel mit Geschichte. Hier wurden Parteiversammlungen abgehalten und Präsidenten nominiert. Marmorfußboden, Walnußholz und Kristalleuchter dominieren die Eingangshalle, die Zimmer sind mit altmodischen Möbeln im Rokoko-Stil ausgestattet. Hier wurde lange nicht renoviert, daher die günstigen Übernachtungspreise. Ein weiterer Bonus ist die unverbaute Sicht auf den Lake Michigan und den Grant Park.

City Suites Hotel (C 2)
933 W. Belmont Ave./
Sheffield Ave.
Tel. 773/404-3400
Fax 773/404-3405
CTA: Belmont
DZ ab 80 $
Zu Zeiten der Prohibition war das in Near North gelegene Hotel ein Zuhause vieler Mafiosi, die hier ungestört ihren Geschäften nachgehen konnten. Alle Zimmer sind geräu-

Hotels

Günstig	Doppelzimmer (DZ) von 80 bis 100 $
Moderat	Doppelzimmer von 120 bis 180 $
Teuer	Doppelzimmer von 200 bis 250 $
Luxus	Doppelzimmer ab 295 $

Alle Preise beziehen sich auf die Saison 1999.
Einzelzimmer entsprechen den Preisen für die Doppelzimmer.

mige Suiten mit abgeteiltem Schlaf- und Aufenthaltsraum. Das Gratisfrühstück wird vom Restaurant Ann Sather's angeliefert, ebenfalls umsonst ist die Tageszeitung, die morgens vor der Tür wartet.

Claridge Hotel (E 6)
1244 N. Dearborn St., zwischen
W. Goethe St. und W. Division St.
Tel. 787-4980, Fax 266-0987
CTA: Clark/Division
DZ ab 100 $
Ruhiggelegenes Hotel mit gemütlicher Lobby und einer kleinen Bücherei, in der ausschließlich Chicagoer Autoren vertreten sind. Im Übernachtungspreis sind ein kleines Frühstück (Kaffee und Croissant) sowie Tageszeitung enthalten. Freundliches Personal, Bars und das Restaurant Passports, in dem internationale Küche mit asiatischem Schwerpunkt serviert wird.

Comfort Inn (D 3)
601 W. Diversey Parkway/N. Clark
Tel. 773/348-2810
Fax 773/348-1912
CTA: Diversey
DZ ab 80 $
Wer nicht unbedingt Wert auf designtes Ambiente und Concierge-Service legt, ist in diesem einfachen und sauberen Motel genau richtig. Lincoln Park und Seeufer liegen in unmittelbarer Nähe. Zimmer nach hinten verlangen.

Days Inn Lake Shore Drive (G 8)
644 N. Lake Shore Drive/
E. Ontario St.
Tel. 943-9200
Fax 649-5580
CTA: Grand/State
DZ ab 100 $
Einfache und günstige Unterkunft in typischem Einheitsstil amerikanischer Hotelketten mit schönem Blick auf den Ohio Street Beach und den Lake Michigan. Nachteil: Der vielbefahrene Lake Shore Drive liegt genau vor der Tür. Oropax nicht vergessen.

Motel 6 Chicago (F 8)
162 E. Ontario/N. St. Clair St.
Tel. 787-3580, Fax 787-1299
CTA: Grand/State
DZ ab 80 $
Tolle *location* in unmittelbarer Nähe der Magnificent Mile und des Museum of Modern Art, außerdem gepflegte und gut ausgestattete Zimmer mit Kabelfernsehen (inklusive Spielfilmkanal!) sowie kostenlose Telefonanrufe innerhalb der Stadt. Für das Gebotene sehr, sehr günstig.

Park Brompton Inn (D 1)
528 W. Brompton St./Addison St.
Tel. 773/404-3499
Fax 773/404-3495
CTA: Addison
DZ ab 80 $

Hotels

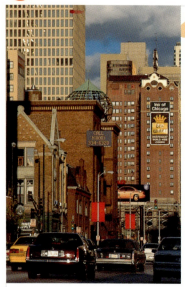

In der Stadt der Kongresse ist das Hotelangebot einfach gut

Hier sieht es aus wie in einem kleinen englischen Gasthaus: Blümchentapete, Blümchensofas, geblümte Deckchen, in geballter Form zu betrachten in sauberen Zimmern in einer ruhigen Gegend im Stadtteil Lincoln Park. Zum Lake Michigan sind es nur ein paar Gehminuten. Frühstück und Tageszeitung inklusive.

Surf Hotel (D 3)
555 W. Surf St./Broadway
Tel. 773/528-8400
Fax 773/528-8483
CTA: Diversey
DZ ab 80 $
Das kleine Hotel in einer ruhigen Straße in der Near North Side erinnert ein wenig an ein Pariser Mittelklassehotel: impressionistische Ölgemälde, eindrucksvolle Lobby. In den Zimmern setzt sich der Anspruch dann nur in Maßen fort. Wirkt ein wenig wie »gewollt und nicht gekonnt«.

Moderat – ab 120 $

Allegro Chicago (E 9)
171 W. Randolph St./LaSalle St.
Tel. 236-0123, Fax 236-3177
CTA: Clark/Lake
DZ ab 145 $
Das altehrwürdige Bismarck Hotel aus den 20er Jahren wurde für 31 Millionen Dollar zu einem sogenannten Designerhotel umgewandelt. Die dominanten Farben sind Kobaltblau, Grün und Rot, das Ambiente ist – bis zum zweimal pro Tag in ein Horn blasenden Türsteher – energiegeladen. Künstler, Schauspieler und die Medienwelt haben das Allegro zum Treffpunkt auserkoren. Jedes Zimmer ist mit Faxanschluß, CD Boombox, Videorecorder und zwei Telefonen mit eigener Voice-Mail ausgestattet. Das abgefahrenste Hotel in Chicago!

Allerton (F 8)
701 N. Michigan Ave./E. Huron St.
Tel. 440-1500, Fax 440-1819
CTA: Chicago/State
DZ ab 120 $
Die eleganten Art-déco-Elemente aus den 30er Jahren sind längst verblaßt, die Polstermöbel sind verschlissen, aber die Zimmer sind gemütlich und vor allem günstig. Als das Hotel noch zu den schönsten der Stadt zählte, war es »ladies only« vorbehalten, die allein auf Reisen waren. Mit ein wenig Phantasie kann man diese Zeiten wieder auferstehen lassen.

Best Western River North (E 8)
125 W. Ohio St./N. LaSalle St.
Tel. 467-0800, Fax 467-1665
CTA: Grand/State
DZ ab 120 $
Inmitten von *supertrendy* River North gelegen, umgeben von Planet Hollywood, Rainforest Cafe

Hotels

und Michael Jordan's. Unscheinbare, aber saubere Zimmer der Einheitsmarke Best Western und auf dem Dach ein Swimmingpool. Die Lobby macht nichts her, das Personal an der Rezeption hat von der amerikanischen Gastfreundlichkeit noch nichts gehört – aber Lage und Preis stimmen.

Chicago Marriott Hotel (F 8)
540 N. Michigan Ave./E. Ohio St.
Tel. 836-0100, Fax 836-6139
CTA: Grand/State
DZ ab 160 $

Für ein Hotel der Marriott-Kette sind die Übernachtungspreise enorm günstig. Die Zimmer sind gemütlich, die Lage könnte nicht besser sein. Im Preis inklusive ist ein Frühstück bestehend aus Kaffee und Muffins. Ideal für Familien und Geschäftsreisende.

Clarion Executive Plaza (F 9)
71 E. Wacker Drive
Tel. 346-7100, Fax 346-1721
CTA: State/Lake
DZ ab 135 $

Die Zimmer mit Riverview bieten einen phantastischen Blick auf eine der schönsten Ecken der Stadt. Hier geht niemand ins Bett, ohne vorher staunend die beleuchtete ›Zuckerbäckerarchitektur‹ des Wrigley Building und die futuristisch anmutenden Apartmenthäuser von Marina City bewundert zu haben. Museen, Theater und die Magnificent Mile sind nur einen Katzensprung entfernt.

Hyatt on Printer's Row (E 10)
500 S. Dearborn St./
W. Congress Parkway
Tel. 986-1234, Fax 939-2468
CTA: LaSalle
DZ ab 120 $

Discounts für jung und alt

Die meisten Hotels bieten ihren Gästen bis 18 und ab 62 Jahren jeweils unterschiedliche Preisnachlässe an. Auch in vielen Restaurants und Museen gehören Discounts für ältere Besucher zum Programm. Manchmal lohnt es sich übrigens auch, nach einem *family-discount* zu fragen.

Stimmiges Preis-Leistungsverhältnis, denn das im Frank-Lloyd-Wright-Stil geschmackvoll eingerichtete Hyatt bietet viel Zimmer für einen angemessenen Preis. Mitten im schönen historischen Viertel der ehemaligen Druckereien gelegen ist es nicht weit zum Grant Park und zum Art Institute. Im Restaurant Prairie gibt es typische Midwest-Küche.

Raphael Hotel (F 7)
201 E. Delaware Place/
N. Mies van der Rohe Way
Tel. 943-5000, Fax 943-9483
CTA: Chicago/State
DZ ab 135 $

Wer ein kleineres, intimes Hotel mit freundlichem Personal zu relativ günstigem Preis sucht, ist im Raphael gut aufgehoben. Die zweistöckige Lobby mit Sitzecken und Stuck an den Wänden hat Fenster wie in einer Kathedrale. Die Zimmer sind gemütlich. Einen ganz perfekten Service erwartet man allerdings vergeblich.

Hotels

Talbott Hotel (E/F 7)
20 E. Delaware Place,
zwischen N. State St. und
N. Wabash St.
Tel. 944-4970, Fax 944-7241
CTA: Chicago/State
DZ ab 130 $

In diesem kleinen Hotel mit seinen gemütlichen Zimmern fühlt man sich beinahe ein wenig wie in Südengland. Das Personal ist liebenswert und um keine Auskunft verlegen. Das hat sich herumgesprochen: im Konferenzzimmer sind die eingerahmten Lobeshymnen zufriedener Gäste zu bestaunen. Ideal gelegen. In der winzigen Hotelbar gibt es außerdem die besten Margaritas der Stadt.

Teuer – ab 200 $

Chicago Hilton & Towers (F 10/11)
720 S. Michigan Ave./Balbo Ave.
Tel. 922-4400, Fax 922-5240
CTA: Harrison
DZ ab 215 $

Der riesige, einen Häuserblock umfassende Gebäudekomplex mit 1650 Zimmern und Suiten war einst das größte Hotel in den USA. Es ist das Lieblingshotel von Kongreßteilnehmern, die 24 Stunden am Tag wie aufgeregte Ameisen durch die grandiose Lobby trippeln. Fitnessstudio mit Pool und tollem Blick auf den Loop inbegriffen. Verlangen Sie ein Doppelzimmer mit Blick auf den Lake Michigan und zwei Bäder – das ist Genuß pur!

Drake Hotel (F 7)
140 E. Walton Place/
E. Lake Shore Drive
Tel. 787-2200, Fax 787-1431
CTA: Chicago/State
DZ ab 250 $

Das Drake ist die Grande Dame unter den Hotels in Chicago. 1920 im Stil eines Renaissance-Palastes gebaut, beherbergte es gekrönte Häupter und Hollywood-Stars. Heute kombiniert es alle Annehmlichkeiten eines modernen Hotels mit dem Charme einer vergangenen Ära. Fast alle der teuer eingerichteten Zimmer haben einen schönen Blick auf den Lake Michigan.

Embassy Suites Hotel (E 8)
600 N. State St./W. Ontario St.
Tel. 943-3800, Fax 943-7629
CTA: Grand/State
Suiten ab 200 $

Der Name ist Programm: Bei Embassy gibt es Suiten zum Preis von Hotelzimmern. Wer möchte nicht für ein paar Tage eine kleine Küche mit Eßtisch, Bade- und Schlafzimmer sowie Sitzecke zur Stadtresidenz machen? Dazu in River North, einem der begehrtesten Stadtteile gelegen, und nur fünf Gehminuten vom Shopperparadies Magnificent Mile entfernt.

Inter-Continental Chicago (F 8)
505 N. Michigan Ave./E. Illinois St.
Tel. 944-4100, Fax 944-3050
CTA: Grand/State
DZ ab 245 $

Ein wunderschönes Hotel! 1929 als eleganter Freizeitclub für die Upper Class in Betrieb genommen, dann lange vernachlässigt, wurde es aufwendig restauriert und als Interconti wiedereröffnet. Das Besondere sind der spektakuläre Swimmingpool mit maurischen Mosaiken und einer Terrakotta-Fontäne, die Wandmalereien im Stil von 1001 Nacht, Ballsäle im Phantasiedekor verschiedener Epochen und die Gästezimmer im originalen Biedermeier-Stil.

Hotels

Ein Zimmer mit Aussicht lohnt sich: Chicago by night

Hotels

Hotelbars: Neben harten Drinks gibt's oft auch groovigen Sound

Sheraton Chicago Hotel & Towers (F 8)
301 E. North Water St./Cityfront Center
Tel. 464-1000, Fax 329-7045
CTA: Grand/State
DZ ab 200 $

Ein so gefragtes Hotel für Tagungen und Kongresse bringt auch eine Menge Leute unter. Der gigantische Hotelkomplex hat 1200 Zimmer, von denen die meisten einen Blick auf die Skyline haben. Direkt am See gelegen, nur ein kurzer Spaziergang entfernt zur Michigan Avenue. Wegen der Größe etwas unpersönlich. Am Wochenende günstigere Preise.

Sutton Place Hotel (F 7)
21 E. Bellevue Place/State St.
Tel. 266-2100, Fax 266-2141
CTA: Clark/Division
DZ ab 255 $

Modern eingerichtete, geräumige Zimmer mit Hightech-Stereoanlage inklusive CD-Spieler und Fernseher mit Riesenbildschirm. Die als Wandschmuck en gros eingekauften Fotos von Robert Mapplethorpe verleihen den Zimmern einen kühl-erotischen Touch. Hervorragende Lage im Stadtteil Gold Coast mit vielen Restaurants, Bars und Cafés. Man hat die Wahl zwischen Blick in Straßenschluchten oder auf den Lake Michigan. Viel Platz bietet die Junior Suite (350 $).

Swissôtel Chicago (F 9)
323 E. Wacker Drive/
N. Columbus Drive
Tel. 565-0565, Fax 565-0315
CTA: Randolph
DZ ab 205 $

Hier hat man ganz offensichtlich Geschäftsleute im Visier. Der Service umfaßt Workstations mit Computern und Equipment für Videokonferenzen. Nach getaner Arbeit kann man dann in Pool und Fitness-Center relaxen: Beide befinden sich im Penthouse mit unverbautem Blick über See und Stadt.

Whitehall Hotel (F 7)
105 E. Delaware Place/N. Rush St.
Tel. 944-6300, Fax 573-6250
CTA: Chicago
DZ ab 260 $

Hotels

Elegantes kleines Hotel im Art-déco-Design, in dem die nach Möglichkeit immer mit Namen angesprochenen Gäste in den Genuß von persönlichem Service und allzeit bereitem Lächeln der dienstbaren Geister kommen. Über Nacht werden gratis die Schuhe gewienert, die Telefone im Zimmer haben eine eigene Voice-Mail und zum Dinner geht es mit der hauseigenen Limousine.

Luxus – ab 295 Dollar

Four Seasons Hotel (F 7)
120 E. Delaware Place/
900 N. Michigan Ave.
Tel. 280-8800, Fax 280-1748
CTA: Chicago/State
DZ ab 315 $
Nach Ansicht der führenden amerikanischen Reisemagazine ist das Four Seasons das beste Stadthotel in den USA. Pool, Sauna, vorzügliche Cocktails in der Bar, nachmittags *scones* und *clotted cream* (Mürbeteig mit dicker Sahne) zum Fünf-Uhr-Tee in der vornehmen Lobby. Flauschiger Bademantel und Marmorbad gehören zum Standard. Schuhe zu Hause vergessen? Macht nichts. Die Concierge besorgt um die Ecke bei Gucci ein paar Neue. Perfekter Service bis zum immerduftenden Blumenstrauß in der Lobby. Nach einem Zimmer mit atemberaubenden Blick auf John Hancock Center und Lake Michigan fragen!

Omni Chicago (F 8)
676 N. Michigan Ave./
E. Huron St.
Tel. 944-6664, Fax 266-3015
CTA: Chicago/State
Suiten ab 295 $

Ein Hotel mit teuer eingerichteten Suiten, die alle einen grandiosen Blick auf die Stadt bieten. Mehrere Telefone, Bar, diverse Tageszeitungen, Reinigung innerhalb von 24 Stunden und rund-um-die-Uhr-Zimmerservice verstehen sich hier von selbst. Ein Erlebnis der besonderen Art ist es, im Penthouse-Swimmingpool ein paar Runden zu schwimmen. Nur für Schwindelfreie geeignet!

Ritz-Carlton Hotel (F 7)
160 E. Pearson St./Michigan Ave.
Tel. 266-1000, Fax 266-9498
CTA: Chicago/State
DZ ab 315 $
Ähnelt allen anderen Ritz-Carlton-Hotels wie ein Ei dem anderen: englischer Landhausstil, viel dunkles Holz, vornehme Eleganz bis in die Schuhspitzen der befrackten Türsteher. Atemberaubend schöne Art-déco-Bar, in der abends Jazz oder Blues gespielt wird. Wer schon nicht hier wohnt, sollte unbedingt auf einen Cocktail herkommen.

Perfekter Service: Portier vor dem Luxushotel Four Seasons

Essen & Trinken

have a break

Die Auswahl an witzigen Szenelokalen, Gourmetrestaurants und einfachen Diners ist riesig. In Chicago gibt es alles vom feinen Franzosen über deftige Italiener bis zu Mutti's *home style cooking*, exotische Genüsse von äthiopisch bis libanesisch, aber auch handfeste deutsche Küche, solide Steak- und Seafoodrestaurants und alles in meistens nicht zu bewältigenden Portionen. Wer die moderne amerikanische Küche genießen möchte, muß für ein dreigängiges Gericht 40 Dollar pro Person plus Getränke zahlen. Dasselbe gilt für die Steakrestaurants. Diners, Hamburger-Eateries, Thai-Lokale und Mexikaner sind preiswerter.

Diners und Delis

D.B. Kaplan's Deli (F 7)
Im 7. Stock des Einkaufszentrums Water Tower Place, 835 N. Michigan Ave./Chicago Ave.
Tel. 280-2700
Mo–Do 10–21.30, Fr, Sa bis 23, So 11–21 Uhr
CTA: Chicago/State
Die Auswahl an leckeren Sandwichkreationen ist schier überwältigend. Hier sieht man erschöpfte Shopper mit ungezählten Tüten, auf denen Lord & Taylor und Marshall Field's steht.

Johnny Rockets (F 7)
901 N. Rush St./E. Delaware Place
Tel. 337-3900
So–Do 10–23,
Fr, Sa 10–14 Uhr
CTA: Chicago/State
Hamburger der Marke ›Triple Decker‹, scharfe Chilis, fette Fries und cremige Milkshakes, serviert von Kellnern, die weiße Navy-Mützen tragen. In den vinylbespannten roten Sitzgruppen läßt es sich toll träumen. Vielleicht bei einem Soda-Pop und Rock 'n' Roll von Bill Haley?

Original Pancake House (E/F 7)
22 E. Bellevue Place/State St.
Tel. 642-7917
tgl. 7–15 Uhr
CTA: Clark/Division
Gemütliches Frühstücksdiner mit reizenden Bedienungen. Hier geht es noch zu wie bei Mutti im Mittleren Westen. Spezialität sind Pfannkuchen in allen nur denkbaren Variationen. Die mit Äpfeln und Zimt sind besonders lecker.

Essen & Trinken

Kulinarisches Alphabet

baked potato	gebackene Kartoffeln
bagel	Brötchen mit einem Loch in der Mitte
barbecue ribs	Schweinerippchen, gegrillt
blinis	kleine Pfannkuchen
borscht	Rote-Bete-Suppe
brat	Bratwurst
buffalo	Büffelfleisch
catch of the day	frischer Fisch vom Tage
chicago hot dog	Wiener Würstchen auf Chicagoer Art
cinnamon rolls	Zimtrollen/ Zimtschnecken
clam chowder	gebundene Muschelsuppe
coke float	Coca Cola mit Vanilleeis
cream cheese	fester Frischkäse
deep-dish pizza	Pizza mit viel Mozzarella, Fleisch und Gemüse, in Chicago erfunden
deli	Delikatessenladen
dim sum	gedämpfte Teigtaschen
doggie bag	Reste, zum Mitnehmen eingepackt
empanadas	spanische Pasteten
foodcourt	Eßstände in öffentlichen Gebäuden
fudges	Karamelbonbons
giardinere	eingelegte Paprika und Sellerie
gravy	Bratensaft
guacamole	Avocadocrème
happy hour	Getränke zum ermäßigten Preis, zumeist nachmittags
hash browns	Bratkartoffeln
hot fudge sundae	Vanilleeis mit warmer Schokoladensoße
kugelis	mit Fleisch gefüllte Knödel
meat loaf	Falscher Hase
muffins	süße gefüllte Gebäckteilchen
on tap	Bier ›vom Zapfhahn‹
pirogis	gefüllte Pastetchen
po' boys sandwich	Sandwich mit Rindfleisch
potato skins	geröstete Kartoffelschalen
pot roast	Rinderbraten
prime rib	gekochtes Rippenstück mit Meerrettichsoße
sour cream	Crème Fraîche
steak	›Chicagoer Grundnahrungsmittel‹
stew	Eintopfgericht
submarine	Sandwich
sushi	rohe Fischhappen
tapas	diverse spanische Häppchen
tempura	in Öl gebackene Gemüse oder Shrimps

Essen & Trinken

›Gelage‹ im Grant Park

8th Street Deli (F 10)
800 S. Michigan Ave. (Essex Inn)
Tel. 939-3354
tgl. 6–24 Uhr
CTA: Harrison
Riesiger Deli im New-York-Style mit etlichen Sandwichvariationen und phantastisch zarten Barbecue Ribs. Wer keine Lust auf Deftiges hat: Eli's Käsekuchen muß man einfach probiert haben. Leider manchmal sehr voll und dann unpersönlich.

Typisch amerikanisch

Blackhawk Lodge (F 8)
41 E. Superior St./Wabash Ave.
Tel. 280-4080
Mo–Sa 11–15, So–Do 17–22,
Fr, Sa 17–23 Uhr
CTA: Chicago/State
Neben all den schicken Restaurants im postmodernen Look wirkt dieses Lokal wie eine romantisierte Verkörperung vergangener Zeiten: Zur Skilodge fehlt eigentlich nur der Ausblick auf eine Bergkette in den Rocky Mountains. Während das Kaminfeuer leise vor sich hinknistert, goutiert man superzarte Schmorrippchen, Truthahnfilets oder Grits mit Cheddar Cheese (Grütze mit Cheddar-Käse). Aufmerksamer Service, interessante Weinkarte.

Crofton on Wells (E 8)
535 N. Wells St./W. Grand Ave.
Tel. 755-1790
Mo–Fr 11.30–14.30, Mo–Do
17.30–22, Fr, Sa 17.30–23 Uhr
CTA: Merchandise Mart
Die Eigentümerin und Küchenchefin Suzy Crofton hat mit ihrem Lokal frischen Wind in die gesamte Restaurantszene Chicagos gebracht. Sie bereitet Produkte der Saison auf klassisch-amerikanische Art zu und betont dabei vor allem den Eigengeschmack der Zutaten. Das Rehmedaillon auf Preiselbeersauce und der Lachs mit gegrilltem Fenchel und Honigbutter gehören zu den Spezialitäten. Sehr reduziertes, angenehmes Ambiente, nette Gäste, und:

Essen & Trinken

für ein Lokal dieser Güte beinahe preiswert!

Blue Mesa (D 6)
1729 N. Halsted St. zwischen
W. North Ave. und W. Willow St.
Tel. 944-5990
Mo–Do 11.30–22.30,
Fr, Sa bis 24, So 11–22 Uhr
CTA: North/Clybourn

Hier fühlt man sich wie in einem gemütlichen Lokal in New Mexico im Südwesten der USA. Und so ist auch die Küche: Maistortillas mit scharfer Chilisauce als Appetitmacher, dann Empanadas mit Guacamole, einer Avocadocreme. Probieren Sie mal die hübsch dekorierte Santa-Fé-Pizza, dazu ein mexikanisches Bier!

Charlie Trotter's (C 5)
816 W. Armitage Ave. zwischen
N. Halsted St. und N. Dayton St.
Tel. 773/248-6228
Do–Sa 17.30–24 Uhr
CTA: Armitage

Ob es sich um das beste Lokal in der Stadt handelt, sei dahingestellt. Sicher ist, daß Charlie Trotter die amerikanische Küche mit seinen Multi-Kulti-Rezepten bis nach Kalifornien beeinflußt hat. Wer wissen möchte, wie es hinter den Kulissen zugeht, kann einen Tisch in der Küche bestellen. Eine verlockende Idee, aber wer mag schon ein Essen genießen und währenddessen anderen beim Arbeiten zusehen? Anzug- und Krawattenzwang für die Herren!

Eccentric (E 8)
159 W. Erie St./Wells St.
Tel. 787-8390
Mo–Do 17.30–20,
Fr, Sa 17.30–23, Sa 17–21 Uhr
CTA: Chicago

Miteigentümerin Oprah Winfrey, Talkmeisterin und reichste Schwarze in den USA, dient hier eher als Kassenmagnet. Zum Essen kommt sie höchst selten her. Sollte sie eigentlich, denn es lohnt sich. Vor allem wegen der saftigen Steaks, der gegrillten Rippchen und der tollen Sandwiches in Monstergröße. Doch leider: Exzentrisch ist hier gar nichts!

Gordon (E 8)
500 N. Clark St.
Tel. 467-9780
Di–Fr 11.30–14,
tgl. 18–22.30 Uhr
CTA: Grand/State

Man könnte meinen, sich in der Tür geirrt zu haben: bei Gordon sieht es auf den ersten Blick aus wie in einem Edel-Bordell. Der Pianospieler spielt Gershwin, Champagner zum Dinner ist 20 Prozent ermäßigt. Die Steaks und Fischgerichte mit so überraschenden Beilagen wie Süßkartoffeln mit Kapern sind immer eine gute Empfehlung. Und damit alle in Ruhe genießen können: Schnurlose Telefone müssen am Eingang abgegeben werden.

Prairie (E 10)
500 S. Dearborn St./
W. Congress Parkway
(im Hyatt on Printer's Row)
Tel. 663-1143
tgl. 6.30–10, 11.30–14,
17.30–23 Uhr
CTA: Harrison

Etwas für kulinarisch Neugierige. Auf den Tisch kommt die Küche des Mittleren Westens: Büffelsteaks, Bratwürste und natürlich Mom's Applepie. Die Desserts bedeuten das Waterloo für Weight Watcher. Der *hot fudge sundae* (Eis mit warmer Bitterschokoladensauce) ist ein Traum! Das Interieur wurde im Stil von Frank Lloyd Wright gestaltet. Reizender Service.

Essen & Trinken

Printer's Row (E 10)
550 S. Dearborn St./
W. Harrison St.
Tel. 461-0780
Mo–Fr 11.30–14, 17–22,
Sa 17–22 Uhr
CTA: Harrison
In der ehemaligen Printer's Row wurden bis 1960 Bücher für die gesamte USA gedruckt. In die leerstehenden Gebäude zogen in den 80ern viele Restaurants ein. Hier wird Küche aus verschiedenen Regionen präsentiert. Der Salat mit Schalotten-Vinaigrette und lokalen Käsesorten, das gegrillte Reh mit einer wunderbaren Biersauce und die Schweinelende in Bourbon-Molasse-Sauce sind nur einige der verführerischen Gerichte. Allerdings: Die Einrichtung ist zu dunkel, der Service etwas zu steif.

P. J. Clarke's (E 6)
1204 N. State Parkway/
W. Schiller St.
Tel. 664-1650
Mo–Sa 11.30–2,
Sa 10–14, 15–22 Uhr
CTA: Sedgwick
Mehr Chicago geht nicht. Dieses ist nicht etwa eines der berüchtigten Singles-Lokale, sondern die naheliegende Marktlücke – eine Scheidungsbar. Die Küche macht hier keine Experimente: gegrillte Hähnchen mit Gemüsebeilage, Steaks mit Kartoffelbrei, dazu ein frisches Bier *on tap*. Manche Abende verlaufen in dem so gearteten Lokal zwangsläufig ein wenig lebhaft...

Rhapsody (E 10)
65 E. Adams St./Wabash St.
Tel. 786-9911
Mo–Do 11–14, 16.30–22.30,
Fr, Sa 11–14.30, 16.30–24 Uhr
CTA: Adams
Das Restaurant im Gebäude des Chicago Symphony Orchestra wird von Newcomer Steven Chiapetti geleitet, der sein Handwerk u. a. bei Paul Bocuse lernte. Sein Anliegen ist es, die Vielfalt der amerikanischen Küche zu zeigen. Freundliches, luftiges Dekor in warmen Farben – interessantes Publikum vor allem nach Konzerten in der Auditorium Hall: noch zu später Stunde werden umwerfend leckere Desserts serviert.

Soul Kitchen (C 8)
1576 N. Milwaukee Ave.
Tel. 773/342-9742
So–Do 17–22.20,
Fr und Sa bis 23.30 Uhr
CTA: Chicago
Gepiercte Kellner (einer trägt manchmal Rock) bringen die in nachgemachtes Leopardenfell eingewickelte Speisekarte, die Reggae-Rhythmen dröhnen aus den Lautsprechern, und das Essen ist scharf gewürzt. Erlebnisküche nennen das die einen, geschäftstüchtig die anderen. Egal, die gegrillten Shrimps mit kreolischer Sauce und das karibische Schweinefleisch sind grandios. Die Klientel: Männer mit Pferdeschwanz und Frauen im Armani-Anzug. In *trendy* Bucktown gelegen und wahnsinnig *en vogue*.

Spruce (F 8)
238 E. Ontario St.
Tel. 642-3757
Mo–Fr 11–14, Mo–Sa 18–22 Uhr
CTA: Grand/State
Ein Newcomer unter Chicagos Szenelokalen. Der junge Chefkoch Keith Luce hat vorher Bill und Hillary Clinton im Weißen Haus bekocht. Seine Vision: Arts & Crafts im Dekor, und ebenfalls geschmackvoll Amerikanisches auf dem Teller. Eine ehrliche Küche mit

Essen & Trinken

Soll einer behaupten, das Auge esse nicht mit!

einfachen Zutaten, wie das fünfgängige Probiermenü sehr eindrucksvoll unter Beweis stellt. *Quintessentially american!*

Wishbone (C 9)
1001 W. Washington Blvd.
Tel. 850-2663
Mo 7–15, Di–Sa 7–22,
So 8–14 Uhr
CTA: Halsted
Hier geht's richtig deftig zu. In zwei kleinen Räumen, die immer bis auf den letzten Platz besetzt sind, wird Hausmannskost aus Alabama, Mississippi, Louisiana und South Carolina serviert. Selbstgebackene Bisquits, gebratene Hähnchen und gekochter Schinken mit Gravy – besser schmeckt es auch in den Südstaaten nicht.

Zinfandel (E 8)
59 W. Grand Ave.
Tel. 527-1818
Di–Do 11.30–14.30, 17.30–22,
Fr, Sa sogar bis 23,
So 10.30–14.30 (Brunch)
CTA: Grand/State
Hier wurde Mutti's Küche verfeinert und nennt sich *new american cuisine*. Die kulinarischen Traditionen Amerikas wie Pot Roast, Barbecue Ribs, Steak in Worcestersauce, Süßkartoffeln, Kürbissuppe und Walnußkuchen erleben als leichte Kreationen eine würdige Auferstehung. Getränkempfehlung, der Name ist Programm, ist natürlich der vielfach unterschätzte Rotwein Zinfandel.

Erlebnis-Gastronomie

Ed Debevic's (E 8)
640 N. Wells St./W. Ontario St.
Tel. 664-1707
Mo–Fr 11–24, Sa–So ab
10.30–24 Uhr
CTA: Chicago
Hier tanzen die Kellner schon mal auf dem Tisch. Das ist Teil der Erlebnisgastronomie von Ed, der mit authentischem 50er Jahre Flair und Falschem Hasen mit Kartoffelbrei und Soße auf der Erfolgswelle

Essen & Trinken

Very american: ob dröhnende Musik im Hard Rock Cafe...

schwimmt. Das Auto wird von den Angestellten gegen Gebühr geparkt (*valet parking*). Wie in einem Quentin-Tarantino-Film.

Hard Rock Cafe (E 8)
63 W. Ontario St./N. Dearborn St.
Tel. 943-2252
Mo–Do 11.30–24, Fr, Sa bis 1,
So bis 23 Uhr
CTA: Grand/State
Die Institution der Themenlokale . Weder die aus den Lautsprechern dröhnende Rockmusik noch lange Wartezeiten auf einen der begehrten Tische halten die Fans vom Herkommen ab. Ausgemusterte Gitarren und alte Notenblätter zieren die Wände. Essen ist Nebensache, obwohl das hausgemachte Chili wirklich gut ist.

Michael Jordan's (E 8)
500 N. LaSalle St./W. Illinois St.
Tel. 644-3865
Mo–Do 11.30–22.30,
Fr, Sa bis 24, So bis 22 Uhr
CTA: Merchandise Mart
Der wohl berühmteste Chicagoer zieht wie ein Magnet die Massen an – obwohl die Baseball-Legende der Bulls, die nach der Meisterschaft in diesem Jahr zurücktreten will, selbst nie auftaucht. Michael's Antlitz zieren Kaffeebecher, Magneten für den Kühlschrank, Shirts und Baseballcaps. Die Speisekarte hält sich mit Steaks, gegrillten Rippchen, Hamburgern und Pizza an die Durchschnittspreise.

Miller's Pub (F 10)
134 S. Wabash Ave./Adams St.
Tel. 263-4990
Mo–So 11–3.30 Uhr
CTA: Adams
Immer voll, laut und gut. Eine Institution im Loop. Bei Miller's treffen sich Spieler der Cubs, Sportjournalisten und Rennpferdebesitzer. Die Bartender scheinen hier schon seit Jahrzehnten zu arbeiten – und nie frei zu haben. Gutes deftiges Essen wie auf dem Lande, günstig und gutgelaunt serviert.

Planet Hollywood (E 8)
633 N. Wells St./W. Ontario St.
Tel. 266-7827

Essen & Trinken

...oder die Filmplakate im Planet Hollywood

So–Do 11–24, Fr, Sa bis 1 Uhr
CTA: Chicago
Erfolgreicher Ableger der Restaurantkette der drei ›Muskeltiere‹ Arnold Schwarzenegger, Bruce Willis und Sylvester Stallone. Hollywood-Memorabilia an den Wänden, flimmernde Leinwände, florierender T-Shirt-Verkauf – aber die Salate und Burger schmecken. Hier kommt auch Omi mit.

Rainforest Cafe (E 8)
605 N. Clark St.
Tel. 787-1501
Mo–Do 11–22, Fr 11–23,
Sa 11–24, So 10.30–21 Uhr
CTA: Grand/State
Überall wird Regenwald abgeholzt, und mitten in Chicago entsteht ein neuer. Unter dem Motto »Save the Rainforest« wird hier Regenwald mit künstlichen Pflanzen, von den Bäumen schwingenden ausgestopften Affen, Wasserfällen, Nebelschwaden und den Geräuschen des Dschungels nachempfunden. Dazwischen futtern die Touristen Riesensalate und gigantische Hamburger.

Rock 'n' Roll McDonald's (E 8)
600 N. Clark St./W. Ontario St.
Tel. 664-7940
tgl. 24 Std. geöffnet
CTA: Grand/State
Hier soll schon mancher Feinschmecker bei Chicken McNuggets gesichtet worden sein, schon wegen der Einrichtung aus den 50ern und 60ern. Sammlerstücke wie eine alte Corvette, viel Neon und natürlich Buddy Hollie und Connie Francis aus der Jukebox.

Fisch

Nick's Fishmarket (E 9)
1st National Plaza
(Monroe St./Dearborn St.)
Tel. 621-0200
Mo–Fr 11.30–15, 17.30–23,
Sa 17.30–23 Uhr
CTA: Monroe
Bevor man den Fahrstuhl hinab zum unterhalb der Plaza gelegenen Restaurant betritt, kann man die Mosaikwand von Marc Chagall bewundern. In den Katakom-

Essen & Trinken

ben des Lokals kommt ein Gefühl wie in einem Fischtank auf, aber Fische aller Art und aus aller Welt gehören hier ja schließlich zu den Spezialitäten. Beispielsweise Opakapaka und Mahi Mahi aus Hawaii, Abalone aus Kalifornien, Scholle aus Dover und Hummer aus Australien.

Steaks

Capital Grille (F 8)
633 N. St. Clair St.
Tel. 337-9400
Mo–Fr 11.30–14.30,
So–Do 17–22, Fr, Sa 17–23 Uhr
CTA: Grand/State

In Washington eine Institution – hier die Kopie. Politiker und Lobbyisten treffen sich zur *political incorrectness* bei gigantischen Steaks, teurem Rotwein sowie Cognac und Zigarren zum Dessert. Die zugegebenermaßen phantastisch schmeckenden Steaks werden in einem Glaskasten am Eingang für alle Ankommenden sichtbar abgehangen. Das sieht schon etwas merkwürdig aus.

Eli's, the Place for Steak (F 7)
215 E. Chicago Ave./
Michigan Ave.
Tel. 642-1393
Mo–Sa 11.30–14.30,
tgl. 18–22 Uhr
CTA: Chicago/State

Im Eingangsbereich grüßen mit Danksagungen versehene Fotos von Frank Sinatra und Bill Clinton, beide waren offenbar glückliche Gäste im jüdisch angehauchten Steakhaus von Esther Schulman. So gibt es außer den perfekt gegrillten Steaks Matzenballsuppe, sautierte Leber und Käsekuchen. Atmosphäre zum Wohlfühlen.

Morton's of Chicago (E 6)
1030 N. State St./Newberry Plaza
Tel. 266-4820
Mo–Sa 17–23, So 17–22 Uhr
CTA: Clark/Division

Die besten Filet-, Porterhouse-, Ribeye- und T-Bone-Steaks der Stadt gibt es in diesem als ›elegant saloon‹ bezeichneten Lokal. Dazu dampfende Folienkartoffeln mit *sour cream* und Schnittlauch. Gemüse muß als sogenannte *side order* gesondert bestellt werden. Mit einem Saloon hat das Steakhaus nichts gemeinsam und vornehm sind höchstens die Preise.

Aus aller Welt

Ann Sather's (C 2)
929 W. Belmont St./
N. Wilton Ave.
Tel. 773/348-2378
tgl. 7–23 Uhr
CTA: Belmont

Das letzte der einst vielen schwedischen Lokale in dieser Gegend ist immer proppenvoll. Vor allem die göttlichen Zimtrollen, die süßsauren Matjeshappen und die luftigen Pfannkuchen haben es der überwiegend schwul-lesbischen Klientel angetan. Ein Tip für Langschläfer: Frühstück gibt es hier den ganzen Tag.

Arun's (nördl. A 1)
4156 N. Kedzie Ave.
Tel. 773/539-1909
Di–So 18–22.30 Uhr
CTA: Kedzie

Der Nobel-Thailänder wird mit den besten Restaurants der Stadt in einem Atemzug genannt. Das Probiermenü mit sage und schreibe 14 Gerichten beinhaltet so leckere Dinge wie sautierte Shrimps, serviert auf Tellern, die Arun Sampanthavivat eigenhän-

Essen & Trinken

dig designt hat. Auch die farbenfrohen Gemälde stammen vom Küchenchef und Besitzer höchstpersönlich.

Ba-Ba-Reeba! (D 5)
2024 N. Halsted St./
W. Armitage Ave.
Tel. 773/935-5000
Mo–Sa 11.30–14.30,
17.30–22 Uhr
CTA: Armitage
Von weither kommen Schöne und Reiche mit ihren großen teuren Autos, um bei spanischen Tapas und Paella mit Meeresfrüchten zu sehen und gesehen zu werden. Reichlich affektiertes Publikum, doch das hervorragende Essen macht dieses Manko wett. Aber warum nicht selbst mal ein wenig voyeuristisch sein?

Berghoff's (E 10)
17 W. Adams St./S. State St.
Tel. 427-3170
Mo–Sa 11–21.30 Uhr
CTA: Adams

Kein Chicago-Aufenthalt ohne einen Besuch bei der Urmutter der deutsch-amerikanischen Restaurants. Die Geschichte des Berghoff geht bis ins Jahr 1893 zurück. Aus dem simplen Biergarten ist eine angesagte Bar geworden, in der sich Businessleute seit Jahrzehnten zum ›after work drink‹ treffen. Frauen dürfen hier erst seit 1973 einkehren, als die schwarze Senatorin Carol Moseley-Braun einen Protest organisierte. Im gediegenen Restaurant gibt es eine bodenständige deutsch-amerikanische Küche, serviert von polnischen Kellnern im Frack.

Big Bowl (E/F 7)
6 E. Cedar St./State St.
Tel. 640-8888
Mo–Sa 11.30–14.30,
17.30–22 Uhr
CTA: Clark/Division
Esoterisch angehauchtes Lokal im Asia-Bambus-Look, in dem die Speisekarte mit pseudo-philosophischen Schlagwörtern wie:

Gut geworben! Aber die ausländische Küche bietet mehr als Pizza

Essen und Trinken

»breathe deeply, talk slowly, think fast« auf das Eßerlebnis hinweist. Es gibt pseudo-asiatische Fast-Food-Küche für amerikanische Gaumen, serviert von vorlauten Girls. Die Satays, das Pad Thai und die Potstickers sind gar nicht mal schlecht. Lobenswert: Allergiker erhalten eine gesonderte Speisekarte.

Hat Dance (E 8)
325 W. Huron St./Orleans St.
Tel. 649-0066
Mo–Sa 11.30–14, 18–22,
So ab 18.30 Uhr
CTA: Chicago
Ganz in Weiß wird meistens geheiratet, hier gerät dieses schlichtelegante Farblosensemble zum Restaurantdesign. Eigentlich entgegen jedem Klischee, denn es handelt sich um ein mexikanisches Lokal. Oder besser gesagt um ein japanisch-mexikanisches: Sashimi ist ebenso erhältlich wie Empanada. Hippe Klientel. Manchmal Wartezeiten.

Hatsuhana (F 8)
160 E. Ontario St.
Tel. 280-8287
Mo–Fr 11.30–14, 17.30–22,
Sa 17–22 Uhr
CTA: Grand/State
Sie haben die Wahl zwischen einem Platz am Tisch oder an der Sushi-Bar, wo Sie den geschickten Sushi-Meistern auf die flinken Finger sehen können. Wer nicht auf rohen Fisch steht, ist mit Tempura (in Öl gebackenes Gemüse oder Shrimps) gut bedient. Ästhetisches Ambiente.

P.S. Bangkok 2 (D 4)
2521 N. Halsted St.
Tel. 348-0072
Mo–Do 11.30–22,
Fr, Sa 11.30–22.30,
So 16.30–22 Uhr
CTA: Fullerton
Bis zum netten Bedienungspersonal ein geradezu authentisches Thai-Lokal, in dem nicht viel schiefgehen kann, außer man ordert das Gericht *hot*. Dann nämlich ist es so scharf, daß nur noch Wasser oder Duftreis (was noch besser hilft) den Gaumen beruhigen können. Am besten *medium hot* bestellen. Und dazu ein erfrischendes Singha, ein Thai-Bier, trinken.

Russian Tea Time (F 10)
77 E. Adams St./S. Michigan Ave.
Tel. 360-000
Mo 11–21, Di–Do 11–23,
Sa 12–24, So 12–21 Uhr
CTA: Adams
Ein elegantes Stückchen Rußland mitten in Downtown Chicago. Durch den verspiegelten Speiseraum klingen leise Balalaika-Weisen, die Sitznischen sind in Zarenrot gehalten – Geschäftsleute, Touristen und eingewanderte Russen bilden ein buntgemischtes Publikum. Es gibt nicht nur Kaffee und Tee, sondern auch Wodka und Kaviar, wie sich das für ein anständiges russisches Lokal gehört. Wer das nicht mag, sollte Wild, Fisch oder jüdische Gerichte bestellen. Gerne auch auf russisch.

Topolobampo (E 8)
445 N. Clark St. zwischen W. Hubbard St. und W. Illinois St.
Tel. 661-1434
Di–Fr 11.30–14.30,
Di–Sa 18–22.30 Uhr
CTA: Grand/State
Die mexikanische Küche ist ja gemeinhin nicht für Gaumenfreuden bekannt. Das ist hier anders. Bereits die farbenfrohe mexikanische Kunst an den Wänden ist ein Hinweis auf den Twist, den die Küche

Essen und Trinken

nimmt. Burritos gleichen eher Crêpes, die mit Zucchini, Mais und mexikanischen Kräutern gefüllt sind, und Mole, eine Sauce, wird hier aus geräucherten, getrockneten und frischen Paprikaschoten sowie einem Hauch Schokolade zubereitet. Ein Restaurant-Erlebnis.

Yoshi's Cafe (D 1)
3257 N. Halsted St.
Tel. 773/248-6160
Di–So 18–22.30 Uhr
CTA: Belmont
Asian-fusion, eine Mischung von Ost und West, heißt die Küchenrichtung. Dementsprechend gibt es kuriose kulinarische Mischungen. So kann es durchaus passieren, daß ein japanisches Thunfischtartar mit mexikanischer Guacamole oder Heilbutt mit französischem Aïoli serviert werden. Yoshi's Cafe ist der Dauerbrenner unter Chicagos *foodies*. Amerikanische Freundlichkeit im Service – ein Lokal zum Wohlfühlen.

Dinner with a view

Celebrity Cafe (E 9)
im Hotel Nikko am Chicago River
320 N. Dearborn St.
Tel. 836-5490
Di–So ab 19 Uhr
CTA: Merchandise Mart
Haben Sie Lust auf ein außergewöhnliches romantisches Dinner auf japanische Art? Die Bedienungen in traditioneller Kleidung servieren am Tisch eine japanische Menüfolge namens Kaiseki. Es erwartet Sie eine nicht enden wollende Orgie von Sushi, Sashimi, Tempura, Salaten und unterschiedlichen Suppen. Dazu Kerzenlicht und die flackernden Lichter der Großstadt zu Ihren Füßen... Bei der Reservierung unbedingt einen »Room with river view« verlangen.

Everest (E 10)
440 S. LaSalle St. zwischen Van Buren St. und Congress Parkway
Tel. 663-8920
tgl. 11–14.30, 18.30–22 Uhr
CTA: LaSalle
Die fein gedeckten Tische im 40. Stockwerk der Chicago Stock Exchange verraten es: Hier geht's elegant zu. Angenehm ist der lockere Umgangston, so daß man sich sofort wohlfühlt. Der Elsässer Küchenchef Jean Joho kocht ›Weltküche‹ mit französischem Touch, und die Gerichte sind wie kleine Kunstwerke angerichtet. Mit Sternen und auch anderen Auszeichnungen überhäuftes Lokal, dessen Weinkarte 250 Weine aus dem Elsaß auflistet. Die Aussicht reicht von der Prärie am Horizont bis zu den glitzernden Lichtern der Chicagoer Straßenbeleuchtung.

Oak Terrace (F 7)
140 E. Walton St. (Drake Hotel)
Tel. 787-2200
tgl. 8–22.30 Uhr
CTA: Clark/Division
Tagsüber schöner Blick auf den Lake Michigan, daher am besten zum Frühstück oder Lunch herkommen. Der *french toast* mit warmem Ahornsirup, der in diesem eleganten Ambiente noch viel französischer wirkt als sonst, ist umwerfend gut. Wegen der vielen Geschäftsleute im korrekten Zweireiher etwas formell.

Signature Room (F 7)
John Hancock Center
875 N. Michigan Ave.
Tel. 751-3681
CTA: Chicago/State

Essen und Trinken

Im 95. Stock von Big John kommt traditionelle Küche mit modernen Anleihen auf den Tisch. Kürbissuppe mit Ingwer beispielsweise oder Rehbraten mit Preiselbeersauce. Empfehlenswert ist das dreigängige Menü der Saison. Für atemberaubende Aussichten sorgt das Setting hoch über der Michigan Avenue.

Cafés

Café Brauer (E 5)
2021 N. Stockton Drive/
W. Armitage Ave.
Tel. 773/280-2727
Apr.–Okt. tgl. 10–17,
Nov.–März tgl. 10–15 Uhr
CTA: Sedgwick
Die Restaurierung des Jugendstilgebäudes hat vier Millionen Dollar gekostet, aber was hier restauriert wurde, bleibt schleierhaft. Kaffee und Kuchen sowie Fast Food der übelsten Sorte müssen im Self Service herangeschafft werden, Tische und Stühle scheinen vom Sperrmüll zu stammen. Dennoch: mit ein wenig Phantasie kann man hier Chicagoer Jahrhundertwende wieder auferstehen lassen. Im Sommer draußensitzen, auf den See schauen, vielleicht ein Buch lesen, und die Stadtflucht ist perfekt.

Café Voltaire (D 2)
3231 N. Clark St./
W. Belmont Ave.
Tel. 528-3136
Mo–Do, So 11–1,
Fr, Sa 11–3 Uhr
CTA: Belmont
Immens alternativ angehauchtes Café, in dem tagsüber langweilige Sprossen, Bohnensuppe und Tee serviert werden. Abends ist dann etwas mehr los, obwohl die Gäste

Freundlichkeit ist Standard:

Bier und Wein (gibt's im Liquor Store um die Ecke) selbst mitbringen müssen: Im dazugehörenden Cabaret Voltaire treten ab 19 Uhr Musiker, Literaten und Filmemacher mit Performances, Lesungen und Videoinstallationen auf.

Gourmand Coffeehouse (E 8)
728 S. Dearborn St., W. Polk St.
Tel. 427-2610
Mo–Do 7–23, Fr 7–24,
Sa 8–24, So 8–23 Uhr
CTA: Harrison
In der Printers Row, dem ehemaligen Zentrum der Druckindustrie liegt dieses gemütliche Café. Hier gibt es Kunstausstellungen, Live-Musik und einen Espresso, der in Italien nicht besser gemacht werden könnte. Ideal auch für den kleinen Hunger zwischendurch: vor allem die Desserts sind göttlich. Schön auch zum Draußensitzen.

Essen und Trinken

eines der Stehcafés in der Straße S. LaSalle

St. Germain Bakery & Café (E/F 7)
1210 N. State St./W. Division St.
Tel. 266-9900
Mo–Do 7–23, Fr, Sa 7–24,
So 8–22 Uhr
CTA: Clark/Division
Hört sich französisch an und ist es auch. Hier gibt's die beste Schokoladenmousse der Stadt, außerdem Quiches, Pasteten und Zwiebelsuppe. Noch spät abends kommen erschöpfte Nachtclubhopper, um sich mit Espresso und Sandwich zu stärken.

Third Coast Café (E 7)
29 E. Delaware Pl./
N. Wabash Ave.
Tel. 664-7225
tgl. 7–2 Uhr
CTA: Chicago/State
Treffpunkt für Chicagos alternative Künstlerszene und osteuropäische Immigranten, die hier gerne Backgammon spielen oder über das neueste Stück des Steppenwolf Theaters diskutieren. Leckere Snacks wie knackige Salate, hausgemachte Pastete und der unübertroffen gute Cappuccino schmecken in den Sommermonaten auch draußen. Ideal zum Leutegucken, und das bis spät in die Nacht.

Viennese Kaffeehaus Brandt (B 1/2)
3423 N. Southport Ave.
zwischen W. Roscoe St. und
W. Newport Ave.
Tel. 528-2220
tgl. 9–22 Uhr
CTA: Southport
Echte Wiener mäkeln, der Rest der Welt schwelgt in den höchsten Tönen von den wunderbaren Torten und Desserts, man kann aber auch nur auf einen Braunen hereinschauen, gemütlich eine Zeitung lesen und klassische Musik hören.

Shopping

Shop 'till you drop...

Bücher

Barbara's Bookstore (E 6)
1350 N. Wells St./W. Schiller St./ Cobbler Square
Tel. 642-5044
Mo–Sa 9–22, So 10–21 Uhr
CTA: Sedgwick
Der von Anhängern der Beat Generation in den 60er Jahren gegründete Buchladen hat noch Spuren seiner alternativen Wurzeln erhalten. Zwischen den Bestsellern der New York Times finden sich esoterische Magazine und New-Age-Zeitschriften sowie andere Nischen-Literatur. Historisch interessantes Setting in einer alten Fahrradfabrik.

Booksellers Row (F 10)
408 S. Michigan Ave./ E. Van Buren St.
Tel. 348-1170
Mo–Sa 10.30–22.30, So 12–22.30 Uhr
CTA: Jackson
Gut erhaltene und preiswerte Bücher aus zweiter Hand, manchmal sind sogar Raritäten darunter. Vor allem die Bildbände verdienen Beachtung. Außerdem gibt es tolle Postkarten mit Schwarzweißaufnahmen von schwarzen Blues- und Jazzmusikern. Ein Paradies für Bücherwürmer.

People Like Us (C/D 2)
3321 N. Clark St./W. Aldine Ave.
Tel. 773/248-6363
tgl. 10–21 Uhr
CTA: Belmont
Eindeutig-zweideutiger konnte der Name nicht gewählt werden: eine unübertroffene Auswahl an schwuler und lesbischer Literatur, CDs, MCs, Postkarten, T-Shirts und Aufklebern. Hier liegen auch alle einschlägigen Veranstaltungsmagazine aus.

The Afrocentric Bookstore (E/F 10)
333 S. State St.
Tel. 939-1956
Mo–Fr 10–18, Sa 11–17 Uhr
CTA: Jackson
Der erste erfolgreiche schwarze Buchladen in Downtown steht unter dem Motto: »*seeing the world through an African point of view*«. Nicht selten finden Lesungen schwarzer Bestseller-Autoren wie Maya Angelou, Nikki Giovanni und Angela Davis statt. Zu kaufen gibt es neben Büchern auch

Shopping

außergewöhnliche Postkarten und schönen Schmuck.

Discount und Second Hand

Central Camera Company (E/F 9)
230 S. Wabash Ave.
Tel. 427-5580
Mo–Sa 8.30–20 Uhr
CTA: Randolph
Alteingesessenes Fotogeschäft mit großem Angebot an neuen und gebrauchten Fotoapparaten und Fotoausstattung. Filmentwicklungen sind in den USA viel preiswerter – hier gibt es als Bonus einen zweiten Abzug gratis.

Linens 'N Things (F 8)
600 N. Michigan Ave./W. Ontario St. (Eingang Ontario Street)
Tel. 787-0462
Mo–Fr 10–20, Sa 9–20,
So 10–18 Uhr
CTA: Grand/State
Alles für Bett, Bad und Küche zu erheblich reduzierten Preisen. Besonders gute Qualität haben Baumwollhandtücher ›made in USA‹ und die wahnsinnig praktischen Kochutensilien.

Marshall's (F 8)
600 N. Michigan Ave./W. Ontario St. (Eingang Ontario Street)
Mo–Fr 10–20, Sa 9–20,
So 10–18 Uhr
CTA: Grand/State
Was in den feinen Department Stores zum Normalpreis verkauft wird, geht hier wesentlich günstiger über den Ladentisch. Die Designermode gibt es zwar nicht in allen Größen, manchmal wird auch zweite Wahl angeboten, dafür beträgt der Discount aber bis zu 50 Prozent. Schnäppchen gibt es auch bei Parfum und T-Shirts von adidas und Nike.

Mc Mages Sport (E 8)
620 N. LaSalle St./W. Ontario St.
Tel. 337-6151
Mo–Fr 10–21, Sa 10–18,
So 11–17 Uhr
CTA: Chicago
Der angeblich größte Sportartikel-Laden der Welt ist acht Etagen hoch und vollgestopft mit Gerätschaften aller Art vom Golfschläger über Bergsteigerschuhe bis hin zum Trampolin für den Vorgarten. Alle Waren sind herabgesetzt, in der vierten Etage geht alles zum halben Preis über die Theke.

The Second Child (C 5)
954 W. Armitage Ave./
N. Sheffield Ave.
Tel. 773/883-0880
Mo–Sa 10–18, So 12–17 Uhr
CTA: Armitage
Hier können Sie für Ihre Kinder Schuhe, Kleider und Mäntel zu wahnsinnig günstigen Preisen kaufen. Manchmal sind sogar einige Designerstücke dabei. Völlig abgefahren sind die winzigen Tony-Lama-Westernstiefel für das Cowgirl im Sandkasten.

Elektronik/CDs

Rose Records (F 10)
214 S. Wabash Ave./E. Adams St.
Tel. 987-9044
Mo–Sa 9–17.30 Uhr
CTA: Adams/Wabash
Der größte und beste Plattenladen in der Stadt. Hier findet man alles aus den Stilrichtungen Blues, Jazz, Rock und Klassik. Was nicht im Laden vorrätig ist, wird bestellt. Ein weiterer Pluspunkt: Das Personal ist äußerst kundig.

🛍 Shopping

Eine Art Glanzüberflutung: Glaslift im Water Tower Place

Second Hand Tunes (D 3)
2604 N. Clark St./
W. Wrightwood Ave.
Tel. 929-6325
Mo–Fr 11–20, Sa 11–19,
So 12–19 Uhr
CTA: Diversey
Bekanntermaßen sind CDs in den USA viel günstiger als in Europa. Hier sind sie spottbillig. Alles aus zweiter Hand, keine besondere Stilrichtung dominiert, es werden allerdings viele alte Titel und auch Filmmusik angeboten. Es herrscht manchmal ein heilloses Durcheinander, man muß einfach herumstöbern und kann dann auf wahre Schätze stoßen.

Kaufhäuser

Bloomingdale's (F 7)
900 N. Michigan Ave. zwischen
E. Walton St. und Delaware Place
Tel. 440-4460
Mo–Fr 10–19, Sa 10–18,
So 12–18 Uhr
CTA: Chicago/State

Dekadent-teures Nobelkaufhaus in der Shoppingmall 900 North für Leute, die sich für Trendsetter halten und außerdem nicht auf Preisschilder achten. Es macht Riesenspaß, dieser Spezies beim Einkaufen zuzusehen. Vor allem, wenn ein Personal Shopper dabei ist, das ist meistens eine zielstrebig voranstürmende Dame, die den Unentschlossenen Entscheidungshilfe leistet. Schauen Sie auf einen Kaffee in das gemütliche ›B Cafe‹ herein.

Carson Pirie Scott Store (E/F 9)
1 S. State St.
Tel. 641-7000
Mo–Do 9.45–19.30,
Fr, Sa 9.45–17.45 Uhr
CTA: Washington/State
Das erste Kaufhaus der Stadt und Musterbeispiel für moderne Kaufhaus-Architektur. Louis H. Sullivan versah das neunstöckige Gebäude mit einem Stahlrahmen und verkleidete es mit Terrakotta. Zu kaufen gibt es überwiegend Billigware à la Woolworth – *very american*.

Shopping

Gebäude aus der Jahrhundertwende: das Kaufhaus Marshall Field's

Lord & Taylor (F 7)
835 N. Michigan Ave.
im Water Tower Place
Tel. 787-7400
Mo–Fr 10–21, Sa 10–20,
So 11–19 Uhr
CTA: Chicago/State
In der Parfümerie-Abteilung läßt sich so manches Schnäppchen machen: Lippenstifte, Nagellack und manchmal auch Parfum gibt es hier zu Dumpingpreisen. Das Ambiente ist das einer Bonbonniere: Hier schimmert alles in rosarot.

Marshall Field's (E/F 9)
111 N. State St./ E. Washington St.
Tel. 781-1000
Mo–Sa 10–20 Uhr
CTA: Washington/State
Das Jahrhundertwende-Gebäude entwarf Daniel Burnham, einer der maßgeblichen Architekten der Stadt. Zwei Atrien dominieren es, eines zeichnete der legendäre Tiffany. Im Untergeschoß gibts Bekleidung und Haushaltswaren sowie einen ›food court‹ mit Spezialitäten aus aller Welt (s. S. 72).

Neiman Marcus (F 7/8)
737 N. Michigan Ave. zwischen
E. Superior St. und Chicago Ave.
Tel. 642-5900
Mo–Sa 10–19, So 12–17 Uhr
CTA: Chicago/State
Mit Designer-Departments wie Chanel und Ungaro ausgestattetes Nobelkaufhaus sowie einer Feinschmecker-Etage im vierten Stock. Hier bieten Chicagoer Lokale ausgesuchte Gerichte an, perfekt für einen Überblick über die gehobene Gastronomie der Stadt. Und nach dem Shoppen und Essen vielleicht eine halbstündige Massage im Kaufhaus-Spa?

Saks Fifth Avenue (F 8)
700 N. Michigan Ave.
Tel. 944-6500
Mo–Sa 10–19, So 12–18 Uhr
CTA: Chicago/State
Saks ist bekannt für eine Auswahl an geschmackvoller Designermode für Damen, Herren und Kinder. Die ebenso geschmackvoll angezogenen Verkäuferinnen beraten auch bei der Auswahl der dazu

Shopping

passenden Accessoires. Edel und entsprechend teuer.

Die Ketten

Banana Republic (F 7/8)
744 N. Michigan Ave. zwischen Chicago Ave. und Superior St.
Tel. 642-0020
Mo–Sa 10–19, So 11–18 Uhr
CTA: Chicago/State
Früher war es Out-of-Africa-Mode, heute wird unscheinbare Bloß-Nicht-Auffallen-Kleidung verkauft. Wenn es beispielsweise darum geht, einen ganz simplen, schwarzen Rollkragenpullover aus gutem Material zu kaufen, ist man hier genau richtig. Die Verkäufer stellen sich mit Vornamen (»Hi, my name is Brian«) vor und schütteln den Kunden nach erfolgreichem Geschäftsabschluß kräftig die Hand.

Borders Books & Music (F 7)
830 N. Michigan Ave./Pearson St.
Tel. 573-0564
Mo–Fr 8–23, So 9–21 Uhr
CTA: Chicago/State
Eine weit verbreitete Kette, die mit einem Riesenangebot von Büchern aller Genres vielen kleinen Buchläden den Garaus gemacht hat. Sehenswert die 100 m lange Zeitungs- und Zeitschriftenwand mit Publikationen aus Ländern rund um den Globus. Im ersten Stock gibt es ein Café. Zum Haareraufen schlechte Beratung!

Crate & Barrel (E/F 8)
646 N. Michigan Ave. /Erie St.
Tel. 787-5900
Mo–Fr 10–19, Sa 10–18,
So 12–18 Uhr
CTA: Grand/State
Praktisches Handwerkszeug für die Küche, darunter vieles, was es *back home* nicht gibt, zum Beispiel die kleinen Pilzbürstchen. Besteck, Geschirr, Kochbücher, Schürzen und irre witzige Topflappen für Leute mit gehobenen Ansprüchen an die eigene Küchenphilosophie runden das Angebot ab.

The Gap (F 8)
679 N. Michigan Ave./Huron St.
Tel. 335-1896
Mo–Sa 9–21, So 10–20 Uhr
CTA: Grand/State
Mode für Junggebliebene in zumeist hellen Farben. Die Qualität der Kleidung ist zwar nicht immer vom Feinsten, aber outfitmäßig kann man hier weder Faux-Pas begehen noch Furore machen. Mainstream-Amerika läßt grüßen.

Kinder

F.A.O. Schwarz (F 7)
840 N. Michigan Ave./Chestnut St.
Tel. 587-5000
Mo–Do 10–19, Fr, Sa 10–20,
So 11–19 Uhr
CTA: Chicago/State
Ein Kaufhaus mit Spielzeug auf drei Etagen. Große und kleine ausgestopfte Tiere, Micki Mäuse, Power Ranger und Captain Jean-Luc Picard zum Aufziehen. Ein Traum für Kinder, ein Alptraum für die Eltern. Kreditkarten bereithalten.

Toys-R-Us (E 9)
10 S. State St.
Tel. 857-0667
Mo–Fr 9–20, Sa 9–19,
So 11–18 Uhr
CTA: Washington/State
Spielzeugkaufhaus der Superlative. Von der Murmel für den Säugling über den sprechenden Computer für Dreijährige bis zum fern-

Shopping

gesteuerten Marsauto aus Star Wars ist alles nur denkbare zu haben. Dernier Cri für die Kids der Baby Boomer sind Legosteine, mit denen sich das Raumschiff Voyager maßstabsgetreu nachbauen läßt.

Kurioses

Bariff Shop for Judaica (F 10)
618 S. Michigan Ave.,
im Spertus Institute
Tel. 322-1740
So, Di, Mi 10–17,
Mo, Do 11–18, Fr 10–15 Uhr
CTA: Harrison
Im Museumsshop des Spertus Institute for Jewish Studies haben selbstverständlich alle Verkaufsobjekte mit dem Judentum zu tun. Es gibt siebenarmige Leuchter, Thora-Dosen, Schmuck, Bücher, Gebetsschals und hübsche Mesusah, die jeder Jude an der Haustür befestigt. Ein kleiner Einblick in die jüdische Welt – und viele Dinge eignen sich vorzüglich als außergewöhnliche Mitbringsel.

Fudge Pot (E 6)
1532 N. Wells St./W. North Ave.
Tel. 943-1777
Mo–Do, So 12–19,
Fr, Sa 12–21 Uhr
CTA: Sedgwick
Hier werden Karamelbonbons in vielen Geschmacksrichtungen per Hand hergestellt. Die butterweichen Toffees sind phantastisch. Der Treffpunkt für Chocoholics.

Niketown (F 8)
669 N. Michigan Ave./Erie St.
Tel. 642-6363
Mo–Fr 10–20, Sa 9.30–18,
So 11–18 Uhr
CTA: Chicago/State
Nike – die Marke mit dem von Agassi, Jordan und Jackie Joyner hochpolierten Image ist mit einem eigenen Laden vertreten, der zu

Ganz klar: Es gibt Kleiderständer, die laden zum Träumen ein

Shopping

Wigmaker Chae Kim: der größte Perückenhersteller Chicagos

den meistbesuchten Touristenattraktionen der Stadt gehört. Ganz Chicago-like zeigt die Fassade in Skulpturen gehauene Sportler in Aktion. Natürlich ist hier nicht mit Discount-Preisen zu rechnen. Hier anprobieren, woanders kaufen.

Savvy Traveller (F 10)
310 S. Michigan Ave./
E. Van Buren St.
Tel. 913-9800
Mo–Sa 10–20 Uhr
CTA: Jackson
Wie packe ich am besten meinen Koffer? Was brauche ich zum Überleben in der Sahara? Wo eigentlich liegt Togo? Konverter vergessen? Oder gar die Pille gegen Jetlag? Wer hier in Sachen Reisen nicht fündig wird, ist selber schuld.

Sony Gallery (F 8)
669 N. Michigan Ave./Erie St.
Tel. 943-3334
Mo–Fr 10–19, Sa 10–18,
So 12–17 Uhr
CTA: Chicago/State
Hier kann man die heißesten Produkte aus der japanischen Ideenschmiede in Augenschein nehmen. Die Hifis, Portables und Handycams der nächsten Generation in garantiert innovativem Design haben bereits Kultstatus, bevor sie auf den Markt kommen.

Up-Down Tobacco Shop (E 6)
1550 N. Wells St.
Tel. 337-8505
Mo–Do, So 11–23,
Fr, Sa 11–24 Uhr
CTA: Sedgwick

Shopping

Zwar werden die USA zunehmend rauchfrei, aber in der Partytown Chicago greifen noch viele zur Zigarette. Außerdem ist Zigarrenrauchen derart in Mode gekommen, daß man diesen Laden ohne Schuldgefühle betreten kann. Eine riesige Auswahl an Zigarettensorten, auch die (angeblich) nicht süchtigmachenden American Spirit. Wer ein nettes Geschenk für die Raucher zu Hause sucht, kommt besonders an den schön gestalteten Zigarettendosen nicht vorbei.

Wig Fashions of Chicago (E/F 9)
11 W. Washington St./State St.
Tel. 236-2496
Mo–Sa 10–18 Uhr
CTA: Washington/State
Chae Kim aus Korea bietet in Chicago die größte Auswahl an Perücken und Haarteilen an. Er hält damit eine langjährige Familientradition aufrecht. Es macht riesigen Spaß, ihm beim Perückenmachen zuzusehen und seinen Geschichten zu lauschen.

Winner's Circle (E/F 9)
177 N. State St.
Tel. 419-8787
Mo–Sa 11–22.30,
So 11.30–22.30 Uhr
CTA: State/Lake
Für manche liegt ja bekanntlich das Glück der Erde auf dem Rücken der Pferde, besonders jedoch für diejenigen, die hier mit einer Wette auf Sieg oder Platz beim Pferderennen tippen. Auf über 40 Monitoren werden die Galoprennen aus den gesamten USA übertragen. Hier sieht man Chicagoer, die nicht unbedingt auf der Miracle Mile einkaufen gehen. Eine Sozialstudie der besonderen Art.

Mode

Alternatives (F 7)
942 N. Rush St. (und 2523 N. Clark St. in Lincoln Park)
Tel. 266-1545
Mo–Sa 11–19, So 12–17 Uhr
CTA: Chicago/State
Schicke, gut verarbeitete und preiswerte Schuhe aus Italien, die Besitzer Sandro Ciurcina eigens in Florenz anfertigen läßt. Jedes Paar ist nur einmal in jeder Größe erhältlich. Dafür bezahlt man zu Hause ein Vermögen!

Jeweler's Row (F 9)
55 E. Washington St. und Wabash St. (jeweils Eingang)
Tel. 263-1757
Mo–Mi, Fr 10–17.30,
Do 10–18.30, Sa 10–17 Uhr
CTA: Washington
Ein Häuserblock voller Schmuck: In der Washington Street gibt es 200 Schmuckgeschäfte, darunter kleine Familienbetriebe, in denen die Kostbarkeiten noch von Hand hergestellt werden. Den Schmuckdesignern kann dabei über die Schulter geschaut werden. In der Jeweler's Mall (Eingang Wabash St.) bieten 60 Juweliere ihre Schmuckstücke an. Im kleinen Restaurant ›Tut Oasis‹ werden koschere Spezialitäten angeboten.

Oak Street (F 7)
Ein ganzer Häuserblock zwischen N. Michigan Ave und N. Rush St.
CTA: Clark/Division
30 Boutiquen, die meisten davon sind im hochpreisigen Sektor angesiedelt, u. a. Filialen von Jil Sander, Sonia Rykiel und Giorgio Armani. Außerdem: Juweliere, Optiker, Friseure, Schuh- und Geschenkeläden. Eine Fundgrube für Shopper mit gehobenem Einkommen.

Nightlife

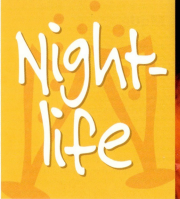

In Chicago sind die Nächte lang. – Ganz USA-untypisch sind die Menschen hier. Und auch noch stolz drauf. Voller Eigenlob behaupten sie: »The City that Parties«, in Abwandlung von Bürgermeister Dailey's Ausspruch »The City that works«. Warum? Ganz einfach. Hart arbeiten tun sie hier, aber genauso gerne feiern sie. In Chicago weiß man, daß das Leben zu hart ist, um Zeit zu verschwenden. Sie gehen also aus, hören Jazz, Blues, Reggae und House, gehen in Sportsbars, in Lounges, in Bars, in Shows, sie lieben Live-Musik und Ihre schwarzen Sängerinnen, lassen sich samstagnachts mit dem Taxi von Club zu Club chauffieren. Und noch etwas ist nicht so ganz US-like: Chicagoer rauchen und trinken, sie sind wie eine Bastion im puritanischen Dschungel Amerika.

Bars & Pubs

Ace Cafe (A 2)
2025 W. Roscoe St. zwischen
Lincoln St. und Western St.
Tel. 773/871-4300
tgl. ab 18 Uhr
CTA: Southport

Im B.L.U.E.S. etc.

Hier fühlt man sich in die Londoner Rock-Szene der 60er Jahre zurückversetzt. Damals standen die Jungs auf Motorräder und hatten nichts besseres zu tun, als darüber zu reden und sich dabei zu betrinken. Heute parken Jeeps vor der Tür, und Biersorten wie Boddington's und Bass Ale sorgen dafür, daß man auch in den 90er Jahren nicht nüchtern nach Hause geht. Lebhafte Atmosphäre!

Coq d'Or (F 7)
140 E. Walton Place
(im Drake Hotel)
Tel. 787-2200
Mo–Sa 11–2, So 11–24 Uhr
CTA: Clark/Division
Englischer Pub mit Ledersesseln, in denen man auf Nimmerwiedersehen versinken kann. Vor allem nach dem zweiten Guinness vom Faß.

Cubby Bear Lounge (C 1)
1059 W. Addison St./N. Clark St.
Tel. 327-1662
tgl. geöffnet
CTA: Addison
In der Stammkneipe der Fans der Chicago Cubs, die gleich gegenüber auf dem Wrigley Field ihre Heimspiele machen, gibt es jeden

Nightlife

Abend Livemusik. Queen Ida's Cajun Band mit der mächtig angesagten Zydeco-Musik war auch schon da. Die Gäste sind natürlich überwiegend Baseballfans, aber Aficionados anderer Sportarten mögen die lockere Atmosphäre auch.

Fadó Irish Pub (E 8)
100 W. Grand Ave.
Tel. 836-0066
tgl. ab 18 Uhr,
Livemusik Mo–Di ab 20 Uhr
CTA: Grand/State
Fadó ist gälisch und heißt »vor langer Zeit«. So fangen in Irland viele Märchen an. Ein wenig altmodisch, beinahe wie ein Heimatmuseum, kommt es denn auch daher, das Pub ohne Neon, ohne nervende Fernsehapparate und ohne Jukebox. Stattdessen wird zwischen der nachgebauten Post aus dem 19. Jh., dem importierten Steingrab und einer großen Auswahl an Kunsthandwerk Harp Lager oder Guinness getrunken und den irischen Volksweisen gelauscht.

Holiday Inn Mart Plaza (E 8)
350 N. Orleans St.
Tel. 836-5000
CTA: Merchandise Mart
Die oberen Stockwerke des Chicago Apparel Center gehören dem Holiday Inn, das hier 525 *rooms with a view* anbietet. Gehen Sie in eine der Bars und genießen Sie die tolle Aussicht auf den Chicago River und die Skyline – vor allem abends, wenn die Stadt erleuchtet ist, bleibt dies ein unvergeßliches Erlebnis. Das Apparel Center (Kleidung und Accessoires) ist für die Öffentlichkeit gesperrt, aber mit etwas Glück drückt der Portier ein Auge zu und man kann in einigen Läden zum Einkaufspreis schicke Mode erwerben. Einfach ausprobieren!

Abtauchen in die ›Unterwelt‹

🥂 Nightlife

Eddy Clearwater – eine der Jazzgrößen der Stadt

Images Lounge (F 7)
875 N. Michigan Ave.
Im John Hancock Center,
95. Stock
Tel. 751-3681
CTA: Chicago/State
Wahrscheinlich die Bar mit der besten Aussicht der Welt: Vom 95. Stock des John Hancock Center kann man sehen, wie bei Anbruch der Dunkelheit die Straßenbeleuchtung Block für Block eingeschaltet wird. Unvergeßlich! Das mit einem Cocktailklassiker wie einem Sidecar genossen, ist allein den Aufenthalt in Chicago wert.

Narcisse (E 8)
710 N. Clark St.
Tel. 787-2675
CTA: Grand/State
Auf dekadent getrimmte, in schummriges Licht getauchte Bar, in der modisch gekleidete Girls mit Geschäftsleuten im Anzug flirten. Es gibt Champagner, Cocktails und offenen Wein; wem der Sinn danach steht, ordert russischen Kaviar oder spanische Tapas dazu. Wer einen der verschwiegenen Nischentische erwischt, kann hier unvergeßliche Studien treiben.

Pippin's Tavern (F 7)
806 N. Rush St.
Tel. 787-5435
So–Do 11–4, Sa 10–5 Uhr
CTA: Chicago/State
Eine kleine gemütliche *neighborhood bar*, in der man die Gäste beim zweiten Besuch bereits wie alte Freunde begrüßt. Bier und Cocktails in bester amerikanischer Tradition bis zum Abwinken um 5 Uhr morgens. Popcorn gibt's für alle gratis.

Nightlife

Redhead Piano Bar (E 8)
16 W. Ontario St.
Tel. 640-1000
Mo–Fr 16–4, Sa 17–5,
So 18–4 Uhr.
CTA: Grand/State
Nachtclub im traditionellen amerikanischen Stil. Casablanca läßt grüßen. Stilvolles Ambiente, obwohl man auf den ersten Blick meinen könnte, man sei in einem Edelbordell gelandet.

Ritz-Carlton Hotel (F 7)
160 E. Pearson St./Michigan Ave.
Tel. 266-1000
CTA: Chicago/State
Im 12. Stock des Ritz Carlton gibt es eine wunderschöne Bar im Art-déco-Stil, in der jeden Abend eine Blues- oder Jazzgruppe zu hören ist. Günstig an der Magnificent Mile gelegen, wunderbar entspannend auch zur Cocktail-Hour nach einem ausgedehnten Einkaufsbummel.

Blues, Jazz und Reggae

Blue Chicago (E 8)
536 und 736 N. Clark St.
Tel. 661-0100, 642-6261
Live-Musik tgl. ab 21 Uhr
CTA: Grand/State
Vom Bluesfanatiker Gino Battaglia geführte Clubs, in denen die von ihm favorisierten weiblichen Sängerinnen auftreten. Bonnie Lee (die von Willie Kent begleitet wird), Shirley Johnson und Newcomerin Peaches gehören ebenso zu den Stamm-Acts wie Eddy Clearwater und Johnny B. Moore. Spätestens bei »Sweet Home Chicago« ist das Eis gebrochen. Um Mitternacht erreicht die Stimmung den Siedepunkt.

B.L.U.E.S. (D 3/4)
2519 N. Halsted St./W. Lill Ave.
Tel. 773/528-1012
Live-Musik tgl. ab 21 Uhr
CTA: Fullerton
Ein dunkler und lauter Club, also genau so, wie ein richtiger Bluesclub sein sollte. Sogar an Wochentagen ist es hier brechend voll. Die Bühne ist so klein, daß, wenn Son Seals auftritt, seine Band auf der Bühne ist, während er selbst im Publikum herumtobt.

B.L.U.E.S. etc. (C 2)
1124 W. Belmont St./
N. Clifton Ave.
Tel. 773/525-8989
Livemusik tgl. ab 21 Uhr
CTA: Belmont
Ableger von B.L.U.E.S. mit gutem Sound, guter Sicht auf die Bühne

Nightlife

und dem Anspruch, die besten amerikanischen Bluesbands nach Chicago zu holen. Doch die spielen lieber in ganz großen Hallen. Ein Trost: Die stimmgewaltige Big Time Sarah und der Wundergitarrist Carl Weathersby mit Band halten dem Laden die Treue.

Buddy Guy's Legends (F 11)
754 Wabash St./8th St.
Tel. 427-033
Live-Musik tgl. ab 21 Uhr
CTA: Harrison
Hervorragende *live-gigs* von den besten Bluesbands der Stadt. Luther Vandross und Johnnie Johnson schauen oft zu Spontan-Sessions herein. Wenn Sie Buddy suchen, er ist derjenige, der zu später Stunde durch die Reihen schreitet und seine Gäste mit breitem Lächeln wie alte Freunde begrüßt. Buddy selbst ist eine Bluesslegende, daher nicht ohne Souvenir-CD mit Autogramm nach Hause gehen.

Cotton Club (F 12)
1710 S. Michigan Ave.
zwischen 17th und 18th St.
Tel. 341-9787
Mo–Do, So 18–2,
Fr, Sa 19–4 Uhr
CTA: Roosevelt/Wabash
Dem Original in New York nachempfundener Jazzclub, in dem *national acts* wie Cassandra Wilson auftreten. Art-déco-Spiegel, Goldtöne und viel Chrom zieren das Innere. Die Bedienung trägt Frack, und auch sonst ist hier alles ziemlich gesittet, denn Tradition und Nostalgie gehören zum Image.

Exedus II (C 1)
3477 N. Clark St.
Tel. 773/348-3998
So–Fr bis 2, Sa bis 3 Uhr
CTA: Addison
In diesem ziemlich dunklen, auf den ersten Blick etwas unheimlichen Club gibt es sieben Nächte pro Woche Live-Reggae von neuentdeckten Talenten und bewährten Bob-Marley-Imitatoren. Dazu jamaikanisches Red Stripe Bier, und nach einer Weile ist man überzeugt, in der Karibik zu sein.

House of Blues (E 8/9)
329 N. Dearborn St.
Tel. 527-2583
tgl. Liveauftritte
CTA: Grand/State
Optisch eindrucksvolle und akustisch perfekte Konzerthalle für die Stars in der R&B-, Blues- und Jazzszene. Das wie ein plüschiges Theater aus den 20er Jahren aussehende Innere verleiht den Konzerten Intimität und Publikumsnähe. Wer hier auftritt, hat's in Amerikas Musikgeschäft geschafft: Aretha Franklin, Celia Cruz, George Clinton und Albita, um nur einige zu nennen. Sonntags beim Gospel-Brunch (unbedingt reservieren!) geht es zu wie in einer Dorfkirche in Mississippi: Praise the Lord! Hallelujah!

Jazz Bulls (E 5)
1916 N. Lincoln Park West/
W. Wisconsin St.
Tel. 773/377-3000
Mo–Fr, So 20–4, Sa 20–5 Uhr
CTA: Sedgwick
Mit dem gleichnamigen Basketballteam hat dieser Club nichts zu tun. Hier wird Jazz vom Feinsten gespielt, beispielsweise New Age Jazz, intelligent und unterhaltsam zugleich. Aber eigentlich hört er sich so an, als sei er schon immer dagewesen. Außerdem Be-bob, Smooth-Jazz und tolle Improvisationen. Alles ist in farbenfrohe Beleuchtung getaucht. Tolle Atmosphäre.

Nightlife

Joe Segal's Jazz Showcase (F 10)
636 S. Michigan Ave.
Im Blackstone Hotel
Tel. 427-4846
im Sommer Di–So ab 20 Uhr,
im Winter vorher anrufen
CTA: Harrison
Liebster Jamclub für Jazzgrößen wie Dizzy Gillespie, Wynton Marsalis und Charlie Parker. Während des Chicago Jazz Festival kommen die Stars zu nächtlichen Sessions her.

Kingston Mines (D 3)
2548 N. Halsted St./
W. Wrightwood Ave.
Tel. 773/528-1012
Mo–So 20–4, Fr, Sa 20–5 Uhr
CTA: Fullerton
Der wohl kommerzialisierteste Bluesclub in Chicago kassiert am Wochenende 10 Dollar Eintritt und läßt dafür auf zwei Bühnen gleichzeitig spielen. An den Wänden hängen Fotos der Blueslegenden, über der Bar schweben heliumgefüllte Luftballons. Im Gegensatz zu den anderen Clubs, die um 1 Uhr schließen, hat »the mines« auch an Wochentagen lange auf. Viele Musiker, die vorher in anderen Clubs beschäftigt waren, kehren zu später Stunde ein, packen ihre Instrumente aus und jammen einfach drauflos. Nur dann ist es hier interessant.

Pops for Champagne (C/D 3)
2934 N. Sheffield Ave./
W. Oakdale Ave.
Tel. 773/72-1000
tgl. 16–24 Uhr
CTA: Wellington
Der eleganteste Jazzclub der Stadt ist mit Art-déco-Interieur ausgestattet und hat zahlreiche Champagnersorten im Ausschank. Die Gäste kommen im allerneuesten Designerfummel, und nicht unbedingt des Jazz wegen, obwohl solche Größen wie das Jackie Allen Trio, Stephanie Browning und Tim Tobias hier auftreten. Im Winter kann man es sich am Kamin gemütlich machen, im Sommer draußensitzen.

Wild Hare (C 1)
3530 N. Clark St./
W. Cornelia Ave.
Tel. 773/327-4273
So–Fr 20–2, Sa 20–3 Uhr
CTA: Addison
Welcome to Reggae Capital U.S.A.! Ungemein angesagter In-Treff für alle Reggae-Fans, entweder Dub-DJs oder Live-Musik. Sonntags ›fun nites‹ mit Reggae-Jam.

Dancing

CrowBar (C 6)
1543 N. Kingsbury St.
Tel. 587-8574
Mi–Sa 21–4 Uhr
CTA: North/Clybourn
In einem alten Lagerhaus mit vorindustriellem Charme geht es besonders schräg zu. Hier kommen viele in Verkleidung. ›Blade Runner‹ meets ›Batman‹.

Excalibur (E 8)
632 N. Dearborn St./
W. Ontario St.
Tel. 266-1944
Mo–Fr, So 17–4, Sa 17–5 Uhr
CTA: Grand/State
Das wie ein kleines Schloß aussehende Haus wurde einst von Paul Newman als Nachtclub gegründet, wechselte seitdem mehrfach die Besitzer und ist jetzt Anlaufpunkt für Teens, die nach den Top 50 zappeln wollen. Mit 27 gehört man hier zum alten Eisen.

Nightlife

Einst von Paul Newman gegründet: der Tanztempel Excalibur

Hangge-uppe (F 7)
14 W. Elm St.
Tel. 337-0561
Mo–Fr 17–4, Sa 15–5, So 15–4 Uhr
CTA: Clark/Division
Multi-level-Nightclub im Großformat mit vier Bars und zwei Dancefloors. Die DJs haben 10 000 Titel zur Auswahl. Der neueste Trend bei der Generation X: Rock 'n' Roll der 50er und 60er Jahre.

Neo (D/E 4)
2350 N. Clark St. zwischen
W. Belden Ave. und
W. Fullerton Parkway
Tel. 773/528-2622
tgl. 21–4 Uhr
CTA: Fullerton
Einer der ältesten und besten Danceclubs. Die *hard clubber* tauchen erst nach Mitternacht auf. Hier wird neben Punk und New Wave knalliger House gespielt, kein Wunder, diese Stilrichtung wurde schließlich in Chicago erfunden. Morbides Ambiente, doch daran stört sich niemand, denn die Musik ist allemal wichtiger.

Vinyl (C 5)
1615 N. Clybourn Ave.
Tel. 587-8469
Mi 21–4, Fr 2–5, Sa 22–5 Uhr
CTA: North/Clybourn
Ultra-moderner Danceclub mit *upstairs-lounge* und vielen Pooltables. *En vogue* sind Latin-Tanzabende, vor allem in den kalten Winternächten.

Gay & Lesbian

Berlin (C 2)
954 W. Belmont St./
N. Sheffield Ave.
Tel. 773/348-4975
So–Do 17–4, Fr, Sa 17–5 Uhr
CTA: Belmont
Riesen-Danceclub für Gays, die täglich zwei Stunden in der Gym schwitzen, um ihre Körper konkurrenzfähig zu halten. Auf meh-

Nightlife

reren Ebenen finden phantasievoll gestaltete Themenabende statt. Meist wird House gespielt, aber auch ein wenig Independent und Euro-Techno. Jeden 1. und 3. Mittwoch Obsession Night *for ladies only*.

Buddie's Restaurant & Bar (D 2)
3301 N. Clark St./Belmont St.
Tel. 773/477-4066
tgl. ab 9 Uhr
CTA: Belmont
Riesige Portionen für starke Männer, darunter deftige Suppen, Salate und Steaks, alles garantiert *homemade*. Am Wochenende ab 9 Uhr Powerfrühstück. An den Pooltischen und beim Dartspielen macht ›mann‹ hier Bekanntschaften. Abends Barbetrieb.

Fusion (C/D 1)
3631 N. Halsted St.
Tel. 773/975-6622
Fr, Sa ab 23 Uhr
CTA: Addison
3000 m^2 Tanzfläche auf mehreren Ebenen, angereichert mit futuristischer Lightshow und tollem Sound – dazu die schönsten Frauen und Männer Chicagos. Hier werden Chicagos Trends geboren. Ab und zu treten brasilianische Tänzer auf. Vor 23 Uhr (tgl. ab 18.30 Uhr) heißt der Club »Rhumba« und ist ein brasilianisches Restaurant. Serviert werden gegrillte Fischplatten, nach Landessitte begleitet von einem hochprozentigen Caipirinha-Cocktail. Anschließend geht's dann mit frischen Kräften auf die Tanzfläche.

Girlbar (C/D 3/4)
2625 N. Halsted St.
Tel. 773/871-4210
tgl. ab 18 Uhr
CTA: Diversey
An den Wochenenden immer rappelvoller Frauen-Danceclub, in dem die vielen ethnischen Gruppierungen eigene Abende haben. Mal treffen sich die Latinas, mal die Schwarzen, mal die Lederlesben, mal die Country & Westerndykes. Beste Chancen auf eine Urlaubsbekanntschaft bietet der Samstagabend. Lange Bar mit netter Bedienung; Musik von den besten *female* DJs der Stadt.

Sidetrack (D 2)
3349 N. Halsted St.
Tel. 773/477-9189
tgl. ab 17 Uhr
CTA: Belmont
Die große Videobar, in der sich manchmal bis zu 200 Männer tummeln, ist der Anlaufpunkt für Schwule in Chicago. Auf überdimensionalen Monitoren werden Musikvideos gezeigt, darunter irrsinnig witzige aus den 70er Jahren, die es sonst nirgendwo zu sehen gibt. Gegenüber im Roscoe's wird weitergefeiert.

Das Angebot reicht von Lightshow bis Powerfrühstück

Kultur & Unterhaltung

Kaum zu zählen sind die Veranstaltungen in Chicago. Wer einen Überblick im kulturellen Dickicht behalten will, bekommt erste Tips und Termine beim Historical Water Tower (s. S. 16). Über die topaktuellen Kulturprogramme informieren auch die Publikationen »New City«, »Chicago Reader« und »Chicago« (s. S. 13).

Feiertage

1. Jan.: *New Year's Day*
3. Mo im Jan.: *Martin Luther King Day*
3. Mo im Feb.: *President's Day*
Letzter Mo im Mai: *Memorial Day*
4. Juli: *Independence Day*
1. Mo im Sept.: *Labor Day*
2. Mo im Okt.: *Columbus Day*
11. Nov.: *Veteran's Day*
Letzter Do im Nov.: *Thanksgiving Day*
25. Dez.: *Christmas Day*

Feste & Festivals

Chinese New Year Parade (Jan.–Dez.): Chinesischer Neujahrsumzug mit großen Papierdrachen.

Black History Month (Feb.): Tag der schwarzen Geschichte, zahlreiche Veranstaltungen im Feb. zu Vergangenheit und Gegenwart der *african americans*.

St. Patrick's Day (17. 3.): Hl. Patrick-Tag, feuchtfröhliche Parade u. a. auf der Dearborn Street im Andenken an die irischen Einwanderer.

Spring Flower Show (Anfang April): Frühlings-Blumenshow, Blütenmeer im Lincoln Park Conservatory.

Ravinia Festival (Juni–Dez.): First-Class-Musikveranstaltungen mit Picknick im schönen Ravinia-Park im Vorort Highland Park. (s. S. 62).

Chicago Blues Festival (Ende Mai): Weltweit renommiertes Bluesfestival im Grant Park.

Chicago Gospel Festival (2. Wochenende im Juni): *Black Music* in der Tradition von Mahalia Jackson im Grant Park. Nicht nur für Kirchgänger.

Gay & Lesbian Pride Week (letzter Sa im Juni): Schwule und Lesben zelebrieren Pride mit vielen Veranstaltungen und einer farbenfrohen Parade auf dem Broadway.

Taste of Chicago (Ende Juni.): Große Freßparty mit Musik im Grant Park, bei der sich Chicagos Restaurants mit Spezialitäten vorstellen.

3rd of July (3.7.): Der Unabhängigkeitstag wird in Chicago einen Tag eher gefeiert. Klassische Konzerte, zum Abschluß ein bombastisches Feuerwerk im Grant Park.

Kultur & Unterhaltung

Jazz Festival (1. Wochenende im Sept.): Großer Andrang, wenn die Jazzkoryphäen des Landes im Grant Park auftreten.

Windy City International Marathon (2. So im Okt.): ›langatmiger‹ internationaler Stadtmarathon, wie er in vielen amerikanischen Städten beliebt ist.

Chicago International Filmfestival (2. Hälfte Okt.): In vielen Kinos laufen anspruchsvolle Filmbeiträge aus aller Welt.

Kwanza Festival (2. Hälfte Dez.): *Back to the roots!* Die Schwarzen feiern afrikanisches Weihnachten auf amerikanische Art.

Comedy

The Second City (E 6)
1616 N. Wells St./W. North St.
Tel. 337-3992
Di–Do 20.30, Fr, Sa 20.30 und 23, So 20 Uhr
CTA: Sedgwick

Die witzigsten Komödianten des Landes entstammen dieser Satire-Schmiede: Dan Aykroyd, John Candy, Joan Rivers und John Belushi beispielsweise. Auch Talkshow-Gastgeber Jay Leno startete hier seine Karriere. Zum Abschluß jeden Abends gibt es geniale Improvisationen. Ohne gute Englischkenntnisse ist ein Besuch allerdings sinnlos.

Kino

Cineplex Odeon IMAX Theatre (G 8)
700 E. Grand Ave. (Navy Pier)
Tel. 595-0090, Tickets 644-4629
Mo–Sa 9.30–22,
So 10.30–21.30 Uhr
CTA: Grand/State
3D und digitaler Sound machen die Filme zu einem visuellen und akustischen Erlebnis besonderer Art. Dreidimensionale Filme werden eigens für die IMAX-Theater produziert. Beteiligt sind George Lucas und Steven Spielberg. Das allein bürgt für Qualität.

Einfach zum Schießen – Satire-Schmieden formen den Nachwuchs

Kultur & Unterhaltung

Cineplex Odeon Theatres (F 7/8)
600 N. Michigan Ave.
Eingang Rush St.
Tel. 255-9340
CTA: Chicago/State
Wenn nicht normales Hollywood-Kino läuft, werden hier regelmäßig im Okt. die Beiträge zum Chicago International Film Festival gezeigt. Informationen und Karten gibt es im Viacom Store um die Ecke (Eingang 600 N. Michigan Ave.)

Music Box Theater (B 1)
3733 N. Southport Ave./
W. Grace St.
Tel. 773/871-6604
CTA: Addison
Das einzige private Filmtheater Chicagos hat eine bewegte Geschichte hinter sich. 1929 diente es als Stummfilmtheater, in dem noch der Klavierspieler den Ton angab, dann war es Pornokino und anschließend auf arabische Filme spezialisiert. 1983 totalrenoviert, zeigt das Schmuckstück von Filmtheater (nicht etwa Kino!) anspruchsvolle Filme aus dem Ausland sowie Klassiker. Nostalgische Anspielung: vor jeder Filmvorführung spielt ein Pianoplayer alte Songs. Die leuchtende Markise und das Neonzeichen sind Originalteile aus den 20er Jahren.

Klassik

Orchestra Hall (F 10)
220 S. Michigan Ave./
E. Jackson Blvd.
Tel. 435-6666,
Tickets unter Tel. 294-3000
CTA: Adams
Hier spielt das Chicago Symphony Orchestra (CSO) die großen orchestralen Meisterwerke, interpretiert von Daniel Barenboim, außerdem reisen Stars wie Jessye Norman, Itzhak Perlman, Yo-Yo Man und Pinchas Zuckerman zu Gastauftritten an. Im Sommer tritt das CSO häufig beim Open-air-Festival im Ravinia Park auf.

Ravinia Festival (außerhalb)
Lake Cook Road/Green Bay Road
in Highland Park
Buspendelverkehr vom Art Institute und vom Drake Hotel
Tel. 847/266-5100
25 Meilen nördlich von Chicago findet von Ende Juni bis Ende Aug. das Ravinia Festival mit international bekannten Gastmusikern statt. Die musikalische Bandbreite reicht von Auftritten der Chicago Symphony über Kammermusik und Jazz bis zu Pop. Bei schönem Wetter Open air (den Picknickkorb nicht vergessen!), bei Regen kann man in der überdachten Musikhalle näher an die Bühne heranrücken und trocken bleiben. ›Outdoor‹-Rauchen ist hier streng verboten.

Reservierung

**Kartenvorverkauf für alle kulturellen Veranstaltungen, ob Comedy oder Klassik:
Hot Tix: 108 N. State St. und 700 N. Michigan Ave. (im Chicago Place), Tel. 977-1755.
Ticketmaster:
bei Tower Records (Tel. 663-0660 oder 454-1300) und im Kaufhaus Carson Pirie Scott, Tel. 559-1212.**

Kultur & Unterhaltung

Jerry-Springer-Talkshow: freier Eintritt beim TV der Superlative

Oper

Chicago Opera Theatre (F 10)
Merle Reskin Theatre
60 E. Balbo Drive/S. Wabash Ave.
Tel. 773/292-7578
CTA: Harrison
Ein wunderschönes Gebäude, das 1910 im französischen Renaissance-Stil erbaut wurde. Durch viel edles Walnußholz und Goldornamente wirkt das Opernhaus fast intim. Englisch-gesungene Opernproduktionen, Kinder- und Tanztheater gehören zum Standardrepertoire.

Lyric Opera (E 9)
20 N. Wacker Drive
Tel. 332-2244
CTA: Washington
1954 mit dem Amerika-Debüt von Maria Callas (als Norma) eröffnet, hat sich die Lyric Opera zu einem Spielort entwickelt, an dem Tradition und Moderne gleichermaßen gepflegt werden. Großer Enthusiasmus wird modernen Komponisten wie Philip Glass und Peter Sellars entgegengebracht. Die Opernsaison in Chicago dauert von Mitte September bis Anfang Februar. In diesem Zeitraum werden acht Neuinszenierungen auf die Bühne gebracht. Allein der Saal im Art-déco Stil mit altägyptischen Detailzeichnungen ist den Besuch wert.

Talkshows

Einige der besten US-Talkshows werden in Chicago aufgezeichnet: »Oprah«, die »Jerry-Springer-Show« und die »Jenny-Jones-Show«. Oprah Winfrey, eine der beliebtesten TV-Gastgeberinnen, lädt in ihre eigenen »Harpo«-Studios ein (Oprah rückwärts gelesen). An allen Shows kann man als Beifall klatschender Gast teilnehmen. Rechtzeitig anrufen und reservieren, der Eintritt ist frei.

Kultur & Unterhaltung

Oprah: Harpo Studios,
1050 W. Washington St., (C 9)
Tel. 591-9222;
Jerry Springer: NBC Tower,
454 N. Columbus Drive
Tel. 321-5365;
Jenny Jones: selbe Adresse
Tel. 836-9485.

Theater, Tanz & Musical

Natürlich kann man sich in Chicago die zigtausendste Aufführung von »Phantom of the Opera« oder »Beauty and the Beast« ansehen. Oder beliebige Broadway-Produktionen, die auf ihren Welttourneen mehrwöchige *stopover* einlegen. Interessanter ist es jedoch, die lokale Theater- und Konzertszene kennenzulernen, zumal sie eine Menge zu bieten hat. Am bekanntesten ist das Chicago Symphony Orchestra, das unter der Leitung von Daniel Barenboim zu neuen Höhen aufgestiegen ist. In den Sommermonaten locken die Open-air-Konzerte in Ravinia Park, bei denen die genußsüchtigen Chicagoer gerne picknicken. Was Theater und Comedy angeht, sind Besuche bei »Steppenwolf« und »The Second City« ein Muß. Tickets zum halben Preis gibt es bei Hot Tix (nur persönlich), bei den Verkaufsstellen von Ticketmaster (auch telefonisch) und beim Theater direkt. Alle anderen Agenturen verlangen Aufpreise von bis zu 35%. Wem das alles zu kompliziert ist, bittet einfach an der Hotelrezeption, die gewünschten Karten zu besorgen. Dann wird selbstverständlich ein gutes Trinkgeld fällig.

Apollo Theatre (C 3)
2540 N. Lincoln Ave./
W. Wrightwood Ave.
Tel. 773/935-6100
CTA: Fullerton

Chicago im Film

In Chicago wurden viele Hollywood-Filme gedreht, vor allem dann, wenn winterliches Ambiente mit Schnee oder ein gefrorener See nötig wurden. Eine stattliche Rolle als Kulisse gab es in: »Auf der Flucht«, das *remake* mit Harrison Ford, garniert mit spannenden Verfolgungsjagden über den Chicago River sowie einer Szene im Hilton & Towers. »Harry und Sally« alias Meg Ryan und Bill Cristal lernen sich auf dem Campus kennen, und »Während Du schliefst« zeigt Sandra Bullock als Fahrkartenverkäuferin bei CTA; die rührende Flughafenszene in »Schlaflos in Seattle« mit Meg Ryan und Tom Hanks wurde in Chicago O'Hare gedreht. Weitere Chicago-Filme: »Und ewig schläft das Murmeltier« mit Andie McDowell und Bill Murray, »Kevin allein zu Haus I und II« mit Macaulay Culkin und natürlich Spike Lee's »Malcolm X«.

Kultur & Unterhaltung

Straßenmusik an der N. Michigan Avenue

Die Off-Broadway-Musicals, also solche mit höherem Anspruch und weniger Kommerz wie »*Lend me a tenor*«, sind in dem gerade einmal 350 Sitze fassenden Theater schnell ausverkauft. Übrigens: Reihe F meiden, dort sitzt man wie im Flugzeug in der Holzklasse.

Auditorium Theatre (F 10)
50 E. Congress Parkway/
S. Michigan Ave.
Tel. 902-1500
CTA: Harrison
Der Theatersaal ist fast interessanter als die Aufführungen. Von Louis H. Sullivan mit Mosaikböden, Balkonen und Wandmalereien ausgestattet, wegen der unübertroffenen Akustik und Sicht gelobt. Auf die Bühne kommen Erfolgsmusicals wie »*Les Misérables*«, »*Miss Saigon*« und »*The Phantom of the Opera*«.

Hubbard Street Dance Company (F 10)
218 S. Wabash Ave./
E. Jackson Blvd.
Tel. 663-0853
CTA: Adams
Gründer Lou Conte entwickelte 1977 die einzigartige Bewegungssprache der Truppe, die Elemente des Jazzdance mit klassischem Ballett verbindet. Seit 1990 ist hier Star-Choreographin Twyla Tharp tätig, die durch ihr experimentelles Tanztheater weltweit bekannt geworden ist. Die Proben können durch die Fenster beobachtet werden!

Steppenwolf Theatre Company (D 6)
1650 N. Halsted St./W. North Ave.
Tel. 335-1650
CTA: North/Clybourn
John Malkovitch und Laurie Metcalf, um nur einige zu nennen, begannen bei dem Steppenwolf-Theater ihre Karrieren. Das mit Auszeichnungen geradezu überschüttete Ensemble überzeugt mit außergewöhnlichen Inszenierungen, u. a. von führenden amerikanischen Bühnenautoren wie Sam Shepard und Lanford Wilson.

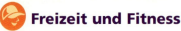

Freizeit und Fitness

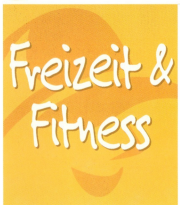

Zum Zuschauen

Baseball: Chicago Cubs, Wrigley Field, Tickets unter Tel. 831-2827. White Sox, Comiskey Park, Tickets unter Tel. 831-4769. April–Okt. Ab 15 $. CTA: Addison

Basketball: Chicago Bulls, United Center, Tickets gibt es unter Tel. 559-1212. Okt.–April. Ab 70 $. CTA Bus Nr. 19. Kurzfristig sind Tickets der Bulls nur mit Glück zu bekommen.

Football: Chicago Bears, Soldier Field, Ab 38 $. Tickets gibt es unter Tel. 847/615-2327. Sept.–Dez. CTA Bus Nr. 128.

Pferderennen: Arlington International Racecourse, Euclid Street/Wilke Street in Arlington Heights, Mai–Okt. Tel. 847/255-4300.

Zum Mitmachen

Bootfahren: Chicagoer lieben es, in den Sommermonaten auf dem Lake zu segeln und mit dem Motorboot zu fahren. Segelboote können von Rainbow Fleet, Tel. 747-0737, ab 15 $ pro Stunde am North Shore Beach gemietet werden.

Eislaufen: am Navy Pier, 600 E. Grand Ave., Nov.–Mitte April tgl. 10–20 Uhr, Tel. 595-7437. Rutschpartie mit Blick auf die Innenstadt.

Fahrradfahren/Jogging/Inline-Skating: Ein wunderschöner, ca. 18,5 Meilen langer Fahrradweg entlang dem Seeufer führt von Evanston bis zum Grant Park – dabei hat man immer die Skyline auf der einen, den See auf der anderen Seite. Der Weg ist auch für Jogger und Inline-Skater offen. Eine Karte mit Routen bietet Chicagoland Bicycle Federation, 417 N. Dearborn St., Tel. 427-3325, Fahrräder und Inline-Skates ab 8 $ pro Stunde gibt es bei Bike Chicago, u. a. Oak Street Beach, Navy Pier und im Lincoln Park (Extra-Tour 4, s. S. 90f.), Tel. 944-2337. Mai– Mitte Okt.

Sonnenbaden: Am Lake Michigan gibt es 30 Strände, die schönsten sind Oak Street Beach und North Avenue Beach, beide mit Blick auf Chicagos Skyline.

Work-out: Illinois Center Athletic Club, 211 N. Stetson Ave. Tel. 616-1234 Massage, Kosmetik und Fitness-Center. Wer Massage bucht, kann umsonst Gewichte stemmen.

Mit Kids in Chicago

Keine Institution, die nicht irgendwann im Jahr eine Feier für die Kids organisiert. Die meisten Attraktionen der Stadt sind für Kinder unter 12 Jahren entweder er-

Freizeit und Fitness

mäßigt oder gar kostenlos. Viele Hotels bieten spezielle *discount family packages* an und ein Großteil der Restaurants wartet mit einem *children's menu* auf. Die kostenlose Zeitung »Chicago Parent« informiert über aktuelle Veranstaltungen. Anzufordern unter Tel. 708/386-5555.

Ben & Jerry's (E 5)
338 W. Armitage Ave./
N. Orleans St.
Tel. 281-5152
tgl. 11–23 Uhr
CTA: Sedgwick
Die politisch korrekten Eiscreme-Hersteller (Ökoeis von glücklichen Kühen, Umweltprojekte) bieten u.a. Chocolate Chip Cookie (mit Kuchenstückchen) und Macadamia Nut (mit Nüssen aus Hawaii).

Chicago Children's Museum (G 8)
Navy Pier, 600 E. Grand Ave.
Tel. 527-1000
Di–So 10–17 Uhr, Do Familientag mit freiem Eintritt bis 20 Uhr
CTA: Grand/State
Nachbildung eines Schiffs, interaktive Spiele zum Anfassen und Lernen für Kinder unter 12 Jahren. Lehrreiche Dauerausstellung »The Stinking Truth about Garbage«.

F.A.O. Schwarz (F 7)
840 N. Michigan Ave./Chestnut St.
Tel. 587-5000
Mo–Do 10–19, Fr, Sa 10–20,
So 11–19 Uhr
CTA: Chicago/State
Ein gigantisches Kaufhaus mit Spielzeug auf drei Etagen. Große und kleine ausgestopfte Bären, Fledermäuse, Micki Mäuse, Schildkröten und was das Herz noch so begehrt. Computer für die Kids ab drei Jahren. Ein Traum für Kinder!

Lincoln Park Zoo (E 4)
Cannon Drive/Fullerton Parkway
Tel. 742-2000
tgl. 9–17 Uhr
CTA: Sedgwick
Neben den üblichen Gehegen, die hier wie kleine Mausoleen aussehen, gibt es eine Streichelwiese, die allerdings nur im Sommer geöffnet ist und eine nachgebaute Farm, auf der die Tiere auch gefüttert werden dürfen.

Navy Pier (G 8)
600 E. Grand Ave
CTA: Grand/State
Jeder Stadt ihre Fisherman's Wharf. Auf dieser Pier reihen sich Shop an Shop, Lokal an Lokal. Für Kinder interessant: das Kindermuseum (s.o.), das Riesenrad, das Karussell mit handbemalten Tieren und der botanische Garten. Ansonsten sehr touristisch.

Oz Festival
CTA: Sedgwick
Jährlich stattfindendes Kinderfest in den Straßen am Lincoln Park. Mitte Juli, Tel. 773/929-8686.

Six Flags Great Amerika (außerhalb)
Interstate 94 in Gurnee,
ca. 90 Min. Fahrt von
Downtown Chicago
(nur mit dem Auto möglich)
Tel. 708/249-1776
1. Mai–Anfang Okt.
Der größte Vergnügungspark des Mittleren Westens lockt mit einigen schwindelerregenden Geräten, Retro-Karussells und Geisterbahnen. Für die ganz Kleinen gibt es das »Bugs-Bunny-Land« mit dem als Nervensäge verkleideten Hasen. Die schnellste Achterbahn befördert die Besucher mit 90 km/h in die Schleife! Nichts für Nervenschwache.

Sightseeing

Chicagos Stadtteile

Bucktown/Wicker Park (A 5/6)

Bucktown, ein Stadtviertel, das vor einigen Jahren noch niemand freiwillig aufgesucht hätte, gehört heute zu den angesagtesten Gegenden. Filmemacher, Rockmusiker und Schauspieler haben das ehemals von Dreck und Verbrechen gezeichnete Viertel restauriert. Aus den heruntergekommenen Häusern sind inzwischen wahre Schmuckstücke geworden. Jede Woche eröffnen hier neue Kunstgalerien, Jazzclubs und Cafés.

Gold Coast/Old Town (D/F 5/7)

Zwischen Seeufer und North Halsted Street in Ost-West-Richtung und zwischen der Oak Street und North Avenue in Nord-Süd-Richtung erstrecken sich die Stadtteile Gold Coast und Old Town. Am Lake Shore Drive kann man an den Luxusapartments der High Society entlangbummeln und, entsprechende Solvenz vorausgesetzt, in teuren Lokalen dinieren. Auf der Rush Street hingegen ist das Vergnügen ungezwungener und preiswerter. Straßennamen wie Goethe Street und Schiller Street weisen auf deutsches Erbe hin, die North Avenue wird noch heute German Broadway genannt.

Hyde Park (südl. E 12)

Der Süden der Stadt wird überwiegend von Schwarzen bewohnt, eine Ausnahme bildet Hyde Park, ein »integriertes Viertel«. Hier leben Angehörige vieler Rassen, u. a. Juden, Schwarze, Weiße und Asiaten. In Hyde Park befindet sich auch die von John D. Rockefeller gegründete University of Chicago. Und klingende Namen hat der Stadtteil zu bieten: Hier lebten der ›braune Bomber‹, Boxchampion Joe Louis, die legendäre Gospelsängerin Mahalia Jackson, und hier hat der umstrittene Führer der Nation of Islam Louis Farrakhan sein Hauptquartier. Außerdem: Studentenkneipen, Buchläden und das sehenswerte DuSable Museum of African-American History. Das andere Chicago!

Lakeview/Wrigleyville (B/D 1 und nördl.)

Hier wohnt die alternative Szene. Kulturelle Vielfalt, ökologisches Bewußtsein und eine tolerante Lebenseinstellung sind gefragt. Lakeview ist die größte lesbische und schwule Community der Stadt, entlang der North Halsted Street und auf dem North Broadway wimmelt es von Gays aller Altersstufen, aus diesem Grund wird dieses Viertel auch gerne »Boys-town« genannt. Inmitten von Lakeview liegt Wrigleyville, benannt nach Sponsor Kaugummi-Wrigley und Wrigley Field, der Sportanlage der Chicago Cubs. Vom Loop aus kann man

Sightseeing

›EL‹, die Hochbahn im Loop, steht für ›elevated train‹

mit Bus oder Taxi eine tolle Fahrt auf dem Lake Shore Drive in Richtung Lakeview machen – vor allem nachts empfehlenswert, wenn die Skyline Chicagos wie ein schemenhaftes Schwarzweiß-Foto den filmreifen Background bildet.

Lincoln Park (E/F 4/5)

Lincoln Park ist nicht nur die Bezeichnung für den gleichnamigen Park, sondern auch für den angrenzenden Stadtteil, der an Pariser Jahrhundertwende-Wohnhäuser erinnert. Hier hat Ludwig Mies van der Rohe seine Zwillingsbauten hingesetzt, über die sich Frank Lloyd Wright öffentlich lustig machte. Lincoln Park ist ein Yuppie-Mekka par excellence, denn die Nähe zu Restaurants wie dem teuren Ambria, Theatern wie Steppenwolf und einem abwechslungsreichen Nachtleben mit Blues und Jazz zieht diese Klientel in Scharen an.

Der Park selbst (s. S. 79 und Extra-Tour 4, S. 90f.) befindet sich auf einem ehemaligen Friedhof. Spötter meinen, daß deswegen die Bäume und Pflanzen so gut gedeihen.

Loop (E/F 9)

Wer vom Loop spricht, meint Chicago Downtown, genauer: die Gegend, die von der Hochbahn EL in Form einer Schleife befahren wird. Manche Ecken im Loop wirken heruntergekommen, vor allem dort, wo sich der kreischende El wie auf Stelzen durch die Straßenschluchten schiebt. Von oben jedoch sieht alles anders aus: Wer die Hochbahn nimmt (am besten die Ravenswood Line), hat einen tollen Überblick über das älteste Stadtviertel. Als das Große Feuer 1871 so gut wie alle Bauten zerstörte, begann hier der Wiederaufbau. Diesmal in Stein statt in Holz. Architekten wie Adler, Sullivan und der Stadtsanierer Burnham planten eine Stadt vom Reißbrett, das neue Chicago, Synonym für das moderne, aufbruchsbereite Amerika. Im Loop entstanden die Bahnhöfe und Piers, Unternehmen wie Marshall Field's und Carson Pirie Scott siedelten sich an, es entwickelte sich ein reges gesellschaftliches Leben mit Theatern, feinen Lokalen und eleganten Hotels. Im Loop sind die großen Versicherungsgesellschaften und Banken vertreten sowie

Sightseeing

das renommierte Art Institute mit seinen bemerkenswerten Ausstellungen.

Magnificent Mile (F 7/8)
Die ›Prächtige Meile‹ ist eine der teuersten Einkaufszeilen der Welt mit Ablegern von Gucci, Chanel, Armani und den Nobelkaufhäusern Bloomingdale's und Saks Fifth Avenue. Die Magnificent Mile, auch ›Miracle Mile‹ genannt, erstreckt sich auf der North Michigan Avenue zwischen Oak Street und Grand Avenue und ist in der Tat genau eine Meile lang. Shopping ist hier eine Augenweide (Extra-Tour 3, s. S. 88f.).

Oak Park (westl. A 7)
Bekannt ist Oak Park vor allem durch die 25 Prairie-School-Bauten des Architekten Frank Lloyd Wright, die inmitten eines Ensembles von wunderschönen viktorianischen Gebäuden liegen. Oak Park kann als einzigartige Präsentation amerikanischer Architektur der Jahrhundertwende betrachtet werden. Ein weiterer Sohn des Viertels ist Ernest Hemingway, der hier seine ersten Lebensjahre verbrachte. Einmal weggegangen, wollte er allerdings nie wieder zurück. Er hielt Oak Park für spießig und die Einwohner für borniert (Extra-Tour 5, s. S. 92f.).

River North (E 8)
Vor dem Großen Feuer war dieses Viertel von bitterarmen Iren, Deutschen und Schweden bewohnt, die als Tagelöhner in den Fabriken und auf den Docks schufteten. Als ihre Behausungen niedergebrannt waren, zogen sie aufs Land, Kaufleute siedelten sich an, errichteten ihre Wohnhäuser, die aber auch bald nicht mehr gut genug waren. Erst nach der Rezession in den 70er Jahren kam wieder Leben nach River North. Galerien und Cafés, Singlesclubs und Bluesbars wurden eröffnet. Das Massen-Entertainment ist in Form von Hard Rock Cafe und Planet Hollywood eingezogen, trotzdem finden sich noch wunderschöne Ecken, in denen man Bohémien spielen kann.

South Loop (E/F 10-12)
Die Gegend südlich des Loop entlang des Burnham Park, der direkt am Lake Michigan liegt, erinnert architektonisch ein wenig an New Yorks SoHo. Kein Wunder, beide Stadtviertel entstanden in derselben Epoche: um 1890 herum. In den schönen alten Ziegelsteinhäusern in der Printer's Row, wo einst die Maschinen von Chicagos Druckindustrie ratterten, sind heute Restaurants und Yuppies eingezogen. Der Burnham Park (der weiter nördlich Grant Park heißt) ist aufgeschüttetes Land, ideal zum Spazierengehen oder Fahrradfahren. Die Museen wie das naturgeschichtliche Field Museum, das Adler Planetarium und das Shedd Aquarium bieten außer Lehrreichem einen tollen Blick auf die Skyline.

Bauwerke

Amoco Building (F 9)
200 E. Randolph St.
CTA: Randolph
Die vertikale Fassade des nach dem Sears Tower und dem John Hancock Building dritthöchsten Gebäudes der Stadt ist aus der Skyline nicht mehr wegzudenken. Der meilenweit sichtbare Sitz der Ölgesellschaft Amoco erhielt 1993 einen radikalen Facelift: Die Verkleidung mit Carrara-Marmorplat-

Sightseeing

Lohnt sich: eine Architektur-Tour auf dem Wasser

ten wurde gegen hellgrauen Granit ausgetauscht.

Carbide & Carbon Building (F 9)

230 N. Michigan Ave.
CTA: Grand/State
Chicago war nie Zentrum von Artdéco wie beispielsweise New York oder Miami, dennoch wurden einige Gebäude in diesem Stil errichtet. Fast alle entstanden zur Century-of-Progress-Ausstellung im Jahr 1933. Die Gebrüder Burnham versahen das Carbide & Carbon Building mit einer Terrakottakuppel und schwarz-grün-goldenen Ornamenten, die im Sonnenlicht weithin sichtbar sind.

Carson Pirie Scott Store (E/F 9)

1 S. State St.
CTA: State
Das von Louis H. Sullivan entworfene Kaufhaus gilt allgemein als ein Musterbeispiel moderner Architektur. Das neunstöckige, mit Terrakotta verkleidete Gebäude wird besonders wegen seiner gelungenen Proportionen gelobt. In der dritten Etage kann man trockenen Fußes durch einen Übergang zur EL-Station Wabash Avenue gelangen.

Dearborn Station (E 11)

S. Dearborn St./W. Polk St.
CTA: Harrison

Sightseeing

Der älteste noch vorhandene Bahnhof der Stadt entstand 1885. Mit seinen Arkaden auf der Fußgängerebene, der Verzierung mit Terrakotta und einem Uhrenturm gehört er zu den schönsten frühen Industriebauten Chicagos. Es gab bereits Pläne zum Abriß, als sich eine Investorenfirma entschloß, aus dem Bahnhof ein Einkaufszentrum zu machen. Auch so kann historisches Erbe gerettet werden.

Delaware Building (E 9)
36 W. Randolph St.
CTA: Randolph

Das erste Gebäude im Loop, das nach dem Großen Feuer gebaut wurde (und noch nicht der Abrißbirne zum Opfer fiel) ist ein kurioses Sammelsurium von Stilrichtungen. Die Fassade der unteren zwei Stockwerke besteht aus Glas und Eisen, die der darüberliegenden vier aus vorgeformten Zement und die der oberen zwei aus gepreßtem Metall.

Glessner House (südl. F 12)
1800 S. Prairie Ave./E. 18th St.
Tel. 922-3432
Mi–So 12–16 Uhr
CTA: Cermak/Chinatown

Geführte Touren mit Schwerpunkt auf Architektur und Kunst zwischen 1870 und 1930.
Das 1896 für den Industriellen John J. Glessner gebaute elegante Haus repräsentiert die einzige verbliebene architektonische Leistung von Henry Hobson Richardson. Das Innenleben wurde von den Glessners selbst gestaltet. Es zeigt die Originaleinrichtung aus dem Jahr 1890. Gleich dahinter steht das **Henry B. Clarke House,** Tel. 922-3432, ein Holzhaus, das von dem Großen Feuer als einziges in diesem Viertel verschont wurde. Aufwendig restauriert und renoviert, meinen viele, es sei höchstens eine Fotoreportage in einem Einrichtungsmagazin wert.

John Hancock Center (F 7)
Tel. 751-3681
875 N. Michigan Ave.
CTA: Chicago/State

Der beste Blick über Chicago: 100 Stockwerke hoch, interaktives Aussichtsdeck im 94. und tolle Cocktailbar im 96. Stock. Fahrstühle katapultieren die Gäste mit *high speed* in die Höhe (Extra-Tour 1, s. S. 85).

LaSalle Towers (E 9)
1211 N. LaSalle St.
CTA: Clark/Division

Das wunderschön verzierte Hotel aus den 20er Jahren wurde 1980 in ein Apartmenthaus umgewandelt. Ungewöhnlich sind die Arkaden und Rundbögen, die bei der Restaurierung absichtlich beibehalten wurden, um die Fußgängerebene optisch mit den darüberliegenden Apartments zu verbinden. Die Wandmalereien von Richard Haas sind eine Hommage an die Chicago School of Architecture und deren Architekten Louis H. Sullivan und Alfred Loos.

Marshall Field Store (E/F 9)
111 N. State St.
CTA: State

Mit der wuchtigen Uhr und den wie Wimpern wirkenden Markisen ist das von Daniel Burnham 1892 konstruierte Warenhaus von weitem zu erkennen. Drinnen überrascht das Gebäude mit gläsernen Decken, die für annäherndes Tageslicht und eine niedrige Stromrechnung sorgen. Im Hof an der Randolph Street wird jedes Jahr ein riesengroßer bunt geschmückter Weihnachtsbaum aufgestellt (s. S. 47).

Sightseeing

Merchandise Mart (E 8/9)
350 N. Wells St.
CTA: Merchandise Mart
Tel. 644-4664
Touren Mo, Mi, Fr um 10.30 und 13.30 Uhr
Der Großhandel für Einrichtungsgegenstände und Mode war bis zur Fertigstellung des Pentagon in Washington das flächenmäßig größte Gebäude der Welt. 5000 Händler und Designer haben hier Ausstellungsfläche angemietet. Büsten von den ›Kaufhauskönigen‹ Frank Woolworth, Marshall Field und Montgomery Ward stehen an der dem Chicago River zugewandten Seite des Gebäudes. Seit 1945 ist der Merchandise Mart im Besitz der Kennedys, die es damals Marshall Field abkauften.

Metropolitan Correctional Centre (E 10)
53 W. Jackson Blvd.
CTA: Jackson
Ein 27stöckiges, triangelförmiges Hochhausgefängnis mit Panoramablick für die Insassen. Schreckliche Ironie des Eingesperrtseins: die Zellenfenster sind so klein, daß keine Gitter benötigt werden. Eine Flucht ist unmöglich.

Sears Tower (E 10)
233 S. Wacker Drive
Tel. 875-9696
CTA: Quincy
Die Aussichtsplattform des mit 110 Stockwerken ehemals höchsten Gebäudes der Welt ist täglich bis 22 Uhr geöffnet (Extra-Tour 1, s. S. 84).

Studebaker Building (F 10)
410 S. Michigan Ave. (Fine Arts Building)
CTA: Jackson
Zuerst als Ausstellungsgebäude für Studebakers Kutschen und Wagen genutzt, wurde das im neo-romanischen Stil gebaute Gebäude in das maßgebliche Kulturzentrum der Stadt umgewandelt. Es diente u. a. als Sitz der Sufragetten, später war es Sitz der Arts & Crafts-Bewegung, deren wichtigster Vertreter, Frank Lloyd Wright, hier sein Büro hatte.

Upton Sinclair verfaßte hier seinen Roman »Der Dschungel«, in dem er die schlimmen Zustände in den Chicagoer Schlachthöfen beschreibt.

311 S. Wacker Drive (E 9)
CTA: Quincy
Das relativ junge, 65 Stockwerke hohe Gebäude bohrt sich seit 1990 neben dem Sears Tower in den Himmel. Bemerkenswert ist das Dach mit zwei Türmen, die an den historischen Water Tower erinnern, und die Verkleidung mit farblich unterschiedlichem Marmor und Granit. 311 Wacker ist das höchste Gebäude der Welt, das ausschließlich aus Zement besteht. Tierschützer fordern, daß die Beleuchtung des Bürogebäudes nachts abgeschaltet wird, da immer wieder Vögel in die Fenster fliegen. Bislang waren alle Proteste ergebnislos.

333 Wacker Drive (E 9)
CTA: Randolph
Eines der architektonischen Schmuckstücke der Stadt. Die gerundete Silhouette des aus Granit und Glas bestehenden Bürogebäudes an der Biegung des Chicago River gehört zu den markantesten Erkennungszeichen Chicagos. Auf der smaragdgrünen Haut spiegeln sich die Gebäude auf der anderen Seite des Chicago River. Vor allem bei Sonnenschein ist das ein wahrlich überwältigender Anblick!

Sightseeing

Xerox Center (E 9/10)
55 W. Monroe St.
CTA: Monroe
Das von Murphy und Jahn 1980 erbaute Bürogebäude wird wegen seiner Eleganz gelobt: Die geschwungene Fassade und die grüngetönten Fensterscheiben der 40 Stockwerke harmonieren perfekt mit der danebenstehenden First National Bank und dem historischen Marquette Building. Die Aluminiumverkleidung reflektiert besonders schön im Abendlicht.

Kirchen & Synagogen

Episcopal Cathedral of St. James (F 8)
65 E. Huron St.
CTA: Chicago/State
Vor und nach dem Großen Feuer (1871) wurden Kirchen in Chicago im neo-gotischen Stil gebaut. Bei der Definition des Begriffes Gotik ließen die Architekten allerdings ihrer Phantasie freien Lauf, wofür die Episcopal Church nur ein Beispiel ist. Das spektakuläre Innere wurde ganz im Arts & Crafts-Stil gestaltet, leuchtet in 26 Farben und zeigt Pflanzenmotive. Von Holabird & Roche 1985 restauriert.

Isaiah Israel Temple (südl. F 12)
1100 E. Hyde Park Blvd./
S. Greenwood Ave.
Tel. 924-1234
Mo-Fr 9–16, So 9.30–12 Uhr
CTA: Metra University
Dieser beeindruckende Tempel im byzantinischen Stil entstand 1924 und ist spiritueller Treffpunkt der Mitglieder der ältesten jüdischen Gemeinde im Mittleren Westen. Das Minarett diente früher als Rauchfang. Die Ornamente sind denen eines Tempels aus Palästina nachempfunden. Zu sehen ist eine Ausstellung wertvoller Judaica.

Medinah Temple (F 8)
600 N. Wabash St./E. Ohio St.
CTA: Grand/State
Das große, fast einen Häuserblock umfassende Gebäude gehört zu den eindrucksvollsten Kirchenbauten in Chicago. Einer Moschee ähnelnd, bietet sein Inneres 4000 Menschen Platz, die sich hier u. a. Zirkusvorstellungen ansehen. Der Tempel wurde 1913 von der religiösen Gruppe der Shriner als Versammlungsort gebaut.

Midwest Buddhist Temple (D 5)
435 W. Menomonee St./
N. Hudson Ave.
Tel. 944-8914
CTA: Sedgwick
Die Nachfahren der zwischen 1940 und 1950 eingewanderten Japaner bauten 1972 diesen Tempel mit Gemeinschaftssaal, Klassenzimmern, Büros und einer zweiten Ebene, auf der religiöse Zeremonien abgehalten werden. Beim Ginza-Fest, das an einem Wochenende im Sommer stattfindet, wird die japanische Kultur vorgestellt.

St. Michaels Church (D 5)
1633 N. Cleveland Ave./
W. Eugenie St.
Tel. 773/642-2498
CTA: Sedgwick
Ein Kuriosum. Man mag den Augen kaum trauen, aber die bayrische Barockkirche, wie sie schöner nicht in Oberbayern zu sehen sein könnte, ist real. Die deutsche Gemeinde baute sich auf diese Weise ein Stück Heimat in die

Sightseeing

Neue Welt. Olympiasieger Johnny Weismuller war hier als Knabe Meßdiener, bevor er als Tarzan reüssierte.

Museen

Adler Planetarium & Astronomy Museum (G 11)
1300 S. Lake Shore Drive
Tel. 322-0304
Sa–Do 9–17, Fr 9–21 Uhr
Eintritt: 4 $, Kinder 2 $,
Di frei
CTA: Roosevelt/Wabash
Das älteste Planetarium in der westlichen Welt ist vor allem wegen seiner spektakulären »Sky Shows« bekannt. Das im Jahr 1928 von dem deutschen Philanthropen Max Adler gegründete Planetarium besaß als erstes den gerade erfundenen Zeiss-Projektor, der es ermöglichte, der Sternenwelt näher zu rücken. Dieses Modell war bis 1970 in Benutzung. Das neue kann 9000 Sterne und Planeten in allen möglichen Konstellationen simulieren – vom afrikanischen Wüstenhimmel im Hochsommer bis zur arktischen Nacht im Mittelalter. Freitagabends werden Live-Bilder vom Doane Observatorium gezeigt.

Besucherin im Art Institute

Art Institute of Chicago (F 9/10)
111 S. Michigan Ave./E. Adams
Tel. 443-3600
Mo, Mi–Fr 10.30–16.30,
Di 10.30–20, Sa 10–17,
So 12–17 Uhr
Eintritt: 7 $, ermäßigt 3,50 $.
Di frei
CTA: Adams
Das bekannteste und größte Museum Chicagos wartet mit immer neuen Sensationen auf. Die Sonderausstellungen wie beispielsweise zur asiatischen Kunst oder Portraits von Renoir ziehen Kunstbegeisterte aus der ganzen Welt an. Dauerhaft gezeigt werden Bilder von Matisse, Hopper, van Gogh, Degas und Courbet; weitere Ausstellungen sind der Architektur Chicagos (80 000 Entwürfe) sowie klassischer europäischer Kunst und Malerei gewidmet. Übermütige Fans setzen den Bronzelöwen am Haupteingang des Art Institute manchmal Baseballmützen der Chicago Cubs auf.

Chicago Academy of Sciences (G 8)
435 E. Illinois St. , 2. Etage,
(North Pier)
Tel. 773/871-2668
Mo–Fr 9.30–16.30, Sa 10–18,
So 12–18 Uhr,
Eintritt: 3 $, Kinder 2 $
CTA: Grand/State
Wer mehr über die Geheimnisse der Natur erfahren möchte, sollte sich dieses exzellente Hands-on-Museum (auch Nature Museum genannt) nicht entgehen lassen. In

Sightseeing

Schaukästen wird dargestellt, wie der Staat Illinois vor einigen Millionen Jahren aussah. In der Children's Gallery können die Kids Kleintiere streicheln, Puzzles zusammenlegen und Spiele machen. Wechselnde Ausstellungen zu den Themen Umwelt und Wissenschaft.

Chicago Architecture Foundation (F 10)
224 S. Michigan Ave.
Tel. 922-3432
tgl. 9–18 Uhr
CTA: Adams
Filiale im John Hancock Center
875 N. Michigan Ave. (F 7)
Tel. 751-1380
tgl. 9–18 Uhr
Eintritt frei
CTA: Chicago/State
Hervorragend geschulte Mitarbeiter leiten Touren zu den architektonischen Höhepunkten der Stadt. Insgesamt werden über 50 verschiedene Führungen angeboten, darunter eine Tour durch den Loop, zu den ältesten Wolkenkratzern oder zu den Bauwerken von Skidmore, Owings & Merrill. Auf keinen Fall sollte man die spektakuläre Architecture Rivercruise auf dem Chicago River versäumen, bei der die schönsten Gebäude der Stadt zu sehen sind (Mai–Okt., Abfahrt Michigan Avenue Bridge am Chicago River, Buchungen unter Tel. 902-1500).

Chicago Cultural Center (F 9)
78 E. Washington St.
Tel. 346-3278
Mo–Fr 10–18, Sa 10–17,
So 12–17 Uhr
Eintritt frei
CTA: Adams/Wabash
Im städtischen Kulturzentrum gibt es Informationen über Stadtführungen und Kulturelles, Stadtpläne und Auskünfte aller Art. Außerdem wird eine kostenlose Diashow über die Geschichte der Stadt gezeigt. Das neoklassizistische Gebäude selbst ist einen zweiten Blick wert. Besonders beeindruckend ist die gläserne Domkuppel aus dem Hause Tiffany. Der Eingang besteht aus weißem Carrara-Marmor. Angeschlossen ist das Museum of Broadcast Communications, in dem witzige alte amerikanische Fernsehserien und Werbesendungen gezeigt werden.

Chicago Historical Society (E 6)
1601 N. Clark St./W. North Ave.
Tel. 773/642-4600
Mo–Sa 9.30–16.30, So 12–17 Uhr
Eintritt: 5 $, Jugendliche ab 12
1 $, Kinder frei
CTA: Sedgwick
Das weitläufige Gebäude beherbergt eine umfassende Präsentation der Geschichte Chicagos vom Siedlungsposten in der Wildnis bis zum Architektur-Mekka der USA. Sehenswert sind die Sammlung von Frauenkleidern aus dem 19. Jh., eine Dokumentation über das Große Feuer und eine Dauerausstellung über Ex-Präsident Abraham Lincoln. Gut bestückter Museumsshop, u. a. seltene Jazz-CDs.

DuSable Museum of African-American History (südl. E 12)
740 E. 56th St./S. Cottage Grove
Tel. 773/947-0600
Mo–Fr 9–17, Sa, So 12–17 Uhr
Eintritt: 2 $, Kinder 1 $
CTA: Metra University oder Bus 6
Benannt ist das Museum nach dem ersten Siedler Chicagos, Jean-Baptiste Pointe DuSable, einem Haitianer afrikanisch-europäischer Abstammung. Fotos,

Sightseeing

Gegenstände und Malereien illustrieren den Leidensweg der Schwarzen von der Sklaverei bis zur Bürgerrechtsbewegung. Außerdem sind Kunstgegenstände aus Afrika und Ägypten zu sehen. Das Museum liegt am Washington Park, der von Frederick Law Olmstead (Central Park in New York) entworfen wurde. **Vorsicht:** nach Einbruch der Dunkelheit nicht mehr im Park spazierengehen!

Field Museum (F 11)
Roosevelt Rd./Lake Shore Drive
Tel. 922-9410
tgl. 9–17 Uhr
Eintritt: 5 $, Kinder 3 $. Mi frei
CTA: Roosevelt/Wabash
Eine Dauerausstellung über Altägypten mit Mumien, Gräbern und nachgestellten Bestattungszeremonien ist das Glanzlicht des naturgeschichtlich ausgerichteten Museums, das in einem prachtvollen tempelähnlichen Gebäude aus Terrakotta und Marmor untergebracht ist. Sehenswert außerdem die Darstellung vom Leben der Ureinwohner der USA und anderer Völker.

Frank Lloyd Wright Home & Studio (westl. A 7)
951 Chicago Ave. (Oak Park)
Tel. 708/848-1976
Führungen: Mo–Fr 11, 13, 15,
Sa, So alle 15 Min. 11–15 Uhr
Eintritt: 8 $, Kinder 6 $
CTA: Oak Park
Der 23jährige Frank Lloyd Wright baute zunächst das Wohnhaus, dann das Studio: klassische Beispiele für die Prairie School of Architecture (Extra-Tour 5, s. S. 92f.).

Museum of Contemporary Art (F 7)
220 E. Chicago Ave.
Tel. 280-2660
Di, Do, Fr 11–18, Mi 11–21,
Sa und So 10–18 Uhr
Eintritt: 6,50 $, Kinder 4 $
1. Di im Monat frei
CTA: Chicago
In dem architektonischen Prunkstück wird sich moderner Kunst multimedial genähert. Calder, Magritte, Paschke und Warhol sind zu sehen – die interaktiven Videoinstallationen und die Fotografien neuer Talente sind aber fast noch spannender. Vom Terrassencafé schöner Blick auf den Lake Michigan.

Museum of Contemporary Photography (F 10)
600 S. Michigan Ave./
E. Harrison St.
Tel. 663-5554
Mo–Fr 10–17, Sa 12–17 Uhr
Im Aug. geschlossen
Eintritt frei
CTA: Harrison
Das dem Columbia College angeschlossene Museum ist das einzige auf Fotografie spezialisierte Museum im Mittleren Westen. Gezeigt werden Bilder von unbekannten, aufstrebenden Künstlern aus aller Welt. Thematischer Fokus und hochgesteckter Anspruch zugleich: die Rolle der Fotografie als Mittel zur Dokumentation von Leben, Umwelt und künstlerischem Ausdruck.

Museum of Science & Industry (südl. F 12)
E. 57th St./S. Lake Shore Drive
Tel. 773/684-1414
Mo–Fr 9.30–16,
Sa, So 9.30–17 Uhr. Do frei
CTA: Metra 55th/57th
Wissenschaft zum Anfassen für alle. Knöpfe drücken, an Kopfhöreren lauschen, Videofilme ansehen. Man kann einen simulierten Flug ins Weltall unternehmen und

Sightseeing

Parks und Gärten werden im Häusermeer Chicago auch schon mal an Wänden verlängert

einen Spaziergang auf einer authentisch rekonstruierten Straße aus der Zeit der Jahrhundertwende machen. Generationen von begeisterten Chicagoer Schulkindern wurden hier durchgeschleust.

National Vietnam Veterans Art Museum (südl. F 12)
1801 S. Indiana Ave.
Tel. 326-0270
Di, Do–So 11–18,
Mi 11–21 Uhr
Eintritt frei
CTA: Bus 3 oder 4
Bekanntlich hat der Krieg in Vietnam viele Soldaten in Depressionen getrieben. In diesem Museum werden Bilder gezeigt, in denen sie ihre Erfahrungen verarbeitet haben. Eine der Ausstellungen heißt folgerichtig »Not a Pretty Picture«. Ein kritischer Ansatz, ein wichtiges Museum.

Shedd Aquarium (G 11)
1200 S. Lake Shore Drive/
Solidarity Drive
Tel. 939-2426
Mo–So 9–18 (Frühling und Sommer), ansonsten Mo–Fr 9–17,
Sa, So 9–18 Uhr
Eintritt: 6 $, Kinder 5 $. Do frei
CTA: Roosevelt/Wabash

Sightseeing

Das größte Aquarium der Welt weist ein Korallenriff und ein eigenständiges Ökosystem mit Riesenschildkröten und tausenden anderen Meeresbewohnern auf. Das Aquarium wirkt unendlich groß: Nur ein dicker ›Vorhang aus Glas‹ trennt es vom Lake Michigan. Der Schwerpunkt liegt auf der Erhaltung gefährdeter Arten. So beherbergt es u. a. putzige Otter, von denen vier während der Ölkatastrophe der Exxon Valdez aus dem Wasser der Arktis gerettet wurden.

Spertus Museum (F 10)
618 S. Michigan Ave./
E. Harrison St.
Tel. 922-9012
So–Do 10–17, Fr 10–15 Uhr
Eintritt frei
CTA: Harrison
Seit der frühen Besiedlung hatte Chicago ein reiches jüdisches Leben. Das Museum beherbergt eine der besten Büchereien zum Judentum, darunter seltene hebräische und jiddische Schriftstücke. In dem darunterliegenden Stockwerk ist eine eindrucksvolle Dokumentation von 3500 Jahren jüdischer Geschichte und Kultur zu sehen, darunter Schmuck, Einrichtungsgegenstände und religiöse Objekte. Ein Holocaust-Memorial erinnert an die Vernichtung des europäischen Judentums durch die Nationalsozialisten. Sehr bewegend.

Terra Museum of American Art (F 8)
666 N. Michigan Ave./Erie St.
Tel. 664-3939
CTA: Grand
Dauerausstellung amerikanischer Malerei des 19. und 20. Jh. Die Gründung des Museums geht auf die Privatinitiative von Daniel Terra, dem ehemaligen Kulturbotschafter von Ex-Präsident Ronald Reagan, zurück. Museums-Shop mit allerlei Andenken wie bunten T-Shirts, Taschen und bedruckten Regenschirmen für die nasse Jahreszeit.

Parks und Gärten

Grant Park (F 9-11)
Entlang der South Michigan Ave. zwischen Randolph St. und
Balbo Drive
CTA: Adams
Architekt Daniel Burnham legte den Park im klassischen französischen Stil an: geradlinig gepflanzte Bäume, symmetrische Rosengärten, große Rasenflächen, Skulpturen und im Zentrum die Buckingham Fountain, die den Fontänen im Park von Versailles ähnelt. Allerdings wäre dies nicht Amerika, wenn sie nicht doppelt so groß wäre. Im Sommer finden in der Petrillo Music Shell kostenlose Konzerte statt, die von den Besuchern picknickenderweise konsumiert werden. Am bekanntesten sind das Blues- und das Jazzfestival. (s. S. 60)

Lincoln Park (E/F 3-5))
Am Lake Michigan zwischen Diversey Parkway und North Ave.
CTA: Sedgwick
Ein Park mit Tennisplätzen, einem Zoo, einem Konservatorium und zahlreichen schönen Stränden – nur die Palmen fehlen. Man kann Fahrradfahren, Rollschuhlaufen, Spazierengehen und im Sommer auf dem Lake Michigan Surfen und Segeln. Vom Schwimmen ist hingegen abzuraten: der Lake Michigan gehört zu den schmutzigsten Gewässern in ganz Amerika (Extra-Tour 4, s. S. 90f.).

Ausflüge

Ausflüge ins Umland

Chicago Botanic Garden

Ein herrlich angelegter Park mit englischem und japanischem Garten, Rosengarten, Wasserfällen und verschiedenen Landschaftsformen wie Steppe und Prärie. Wegen der Größe des Parks fahren die Amerikaner die asphaltierten Wege zumeist einfach mit dem Auto ab. Sinnvoller ist es, sich am Eingang ein Fahrrad zu mieten. Ein Erlebnis für die Sinne ist der Sensory Garden, in dem herrlich duftende, kunterbunte Blumen und Sträucher aus allen Teilen der Erde angepflanzt sind. Im Obst- und Gemüsegarten wird erklärt, wie die Zucchini am besten gedeihen, mit welchen Kräutern man kochen kann und wie kompostiert wird. Mit den Erträgen zaubern Profis aus Chicagoer Restaurants unter den wachsamen Augen von Hobbyköchen leckere Mahlzeiten in der angeschlossenen Gartenküche.

Eden Expressway (Interstate 94) und Route 41 bis Abfahrt Lake Cook Road, in Glencoe, ca. 25 Meilen von Chicago Downtown, Tel. 847/835-5440.

Galena

Die zauberhafte Kleinstadt am Mississippi ist sowohl im Sommer als auch im Winter einen Abstecher wert. Die Fahrt geht durch sanfte hügelige Landschaft mit kleinen Dörfern, in denen die Zeit stehengeblieben zu sein scheint. Durch die Gassen Galenas zu bummeln hat Erholungswert. Es gibt viele Trödelläden, in denen man witzige Souvenirs kaufen kann, Restaurants und nette *bed & breakfast* mit Blümchentapeten: kleinstädtisches Leben im Mittleren Westen. Im Winter kann man in den bewaldeten Hügeln Rodeln und Skilanglauf machen. Ein Katzensprung ist es bis zum Mississippi, wo man Boote mieten oder auf alten Schaufelraddampfern Roulette und Poker spielen kann.

Über die Interstate 90, dann ca. 3 Std. von Downtown Chicago.

Long Grove Historical Village

Ein Besuch in Long Grove ist ein Schritt in die Vergangenheit, zu hölzernen Scheunen und Wohnhäusern aus dem 19. Jh. Diese sind überwiegend mit Läden gefüllt: Küchenzubehör, Malerei, kitschiges amerikanisches Kunsthandwerk sowie Restaurants. Natürlich sind alle Waren restlos übertreuert. Der Ort wurde einst von elsässischen Bauern gegründet, die ihn »Mutterstolz« nannten. Bis nach dem Ersten Weltkrieg unterhielten sie hier ihre Scheunen und Häuser, ihre Molkereien und ihre Apfelweindestillerien. Noch immer leben und arbei-

Ausflüge

Mit dem Nahverkehrszug raus in die Prärie

ten Menschen in Long Grove, einige von ihnen sind Nachfahren der deutschen Siedler, aber der Kommerzgedanke steht heute eindeutig im Vordergrund. Vorteil: Es gibt kein *fast food*, vor allem, weil man hier historisch genau sein will – denn das gab es früher noch nicht.

Interstate 90 oder Road 14, Kreuzung Route 83 und Route 53, Abfahrt Old McHenry Road in Long Grove, 17 km nordwestlich von Chicago, Tel. 845/634-0888.

Milwaukee

Die Stadt der Bierbrauer, der deutschen Restaurants und der Ziegelsteinbauten könnte ein amerikanisches Hamburg sein. Am Lake Michigan gelegen, mit Brücken, Anlegestellen für Boote, Docks und den Menschen mit den deutschen Nachnamen ist das auch nicht verwunderlich. Geschätzte 50 % der Einwohner sind deutscher Abstammung, und einige von ihnen gründeten Brauereien wie Pabst und Miller, die inzwischen zu den gefragtesten Biermarken in den USA gehören. In Milwaukee befindet sich auch das Hauptquartier des Motorrad-Mythos Harley Davidson. Die Galerien und Restaurants sind qualitativ bemerkenswert und garantiert findet irgendwo ein Flohmarkt, eine Kunstausstellung oder ein Musikfest statt. Im Sommer steigt die Megafeier »Summerfest« mit Hard Rock, Reggae, Soul und Pop – und so bekannten Stars wie Patti La Belle, Tina Turner, John Mayall, Bon Jovi und Sting.

Über die Interstate 94 in Richtung Norden, ca. 4 Std. von Downtown Chicago.

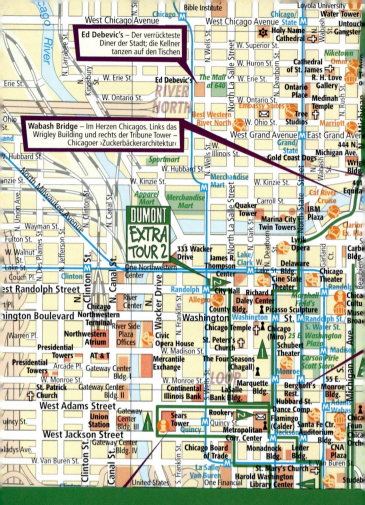

EXTRA-

Fünfmal Chicago, fünfmal anders

1. Hochhaus-Highlights – von Tradition bis Postmoderne

2. Kunst im öffentlichen Raum – eine Skulpturen-Tour

Touren

3. Von Armani bis Bloomindale's – Shopping auf der Magnificent Mile

4. Radtour durch den Lincoln Park

5. Oak Park – die Präriehäuser des Frank Lloyd Wright

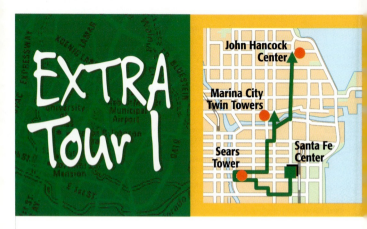

Hochhaus-Highlights von Tradition bis Postmoderne

Als die Kuh von Ms. O'Leary im Jahr 1871 eine Öllampe umstieß und damit ganz Chicago in Brand setzte, war das Desaster auch ein architektonischer Glücksfall: Industrielle holten die besten Architekten der Welt nach Chicago. Neue Materialien wie Zement und Terrakotta wurden angewendet, und da Otis gerade den Fahrstuhl erfunden hatte, konnte höher gebaut werden als je zuvor. Mit Architekt Daniel Burnham als Stadtplaner wurde in der Großbaustelle Chicago pro Stunde ein Haus fertiggestellt. Heute ist sie die Hauptstadt der amerikanischen Architektur.

Der Rundgang beginnt im **Santa Fe Center** (224 S. Michigan Ave., Burnham, 1904), mit eleganter Lobby und weißer Terrakotta-Verkleidung, in dem Daniel Burnham seinen Meisterplan entwarf. Hier befindet sich der Sitz der Chicago Architecture Foundation (CAF), wo kenntnisreiche Touren, Bücher und Stadtpläne angeboten werden. Weiter südlich auf der Michigan Avenue sieht man das im neo-romanischen Stil erbaute **Auditorium Building** (430 S. Michigan Ave., Adler & Sullivan, 1889), zur Zeit der Fertigstellung das teuerste und mit 17 Stockwerken höchste Gebäude der Stadt. Die Fassade der **Harold Washington Library** (400 S. State St., Beeby & Babka, 1991) verklärt dieses Bauwerk zu einem pseudogriechisch-romanischen *kitsch as kitsch can*, meinen Architektur-Puristen. Einer der elegantesten Artdéco-Bauten ist das **Chicago Board of Trade Building** (141 W. Jackson Blvd., Holbird & Root, 1930), in dem täglich die Getreidepreise der Welt festgelegt werden. Von hier aus ist es nicht weit bis zum ehemals höchsten Gebäude der Welt, dem **Sears Tower** (233 S. Wacker Drive, Owings & Merrill, 1974, s. S. 73), der aus rechteckigen Röhren besteht, die in unterschiedlichen Höhen enden. Die Adams Street entlang befindet sich an der Ecke LaSalle Street (Nummer 209) ein architektonisches Kleinod, die **Rookery** (Burnham & Root, 1885–88). Die prunkvolle Lobby mit der Kuppel aus Glas und filigranem Schmiedeeisen stammt von Frank Lloyd

Extra-Tour

Atemberaubende Aussicht: auch bei Nebel ist der Blick vom John Hancock Center faszinierend

Wright. Weiter geht es zum zwei Blocks entfernten **Marquette Building** (149 S. Dearborn St., Holabird & Roche, 1906), in dessen Lobby Szenen aus dem Leben des Jesuitenpriesters Marquette nachgestellt sind. Weiter nördlich auf der Dearborn Street steht eines der umstrittensten Gebäude der Stadt, das **James R. Thompson Center** (100 W. Randolph St., Murphy & Jahn, 1985–97). Das eindrucksvolle Atrium und die geschwungene Gestaltung waren weniger Stein des Anstoßes als die mangelhafte Klimaanlage: So mußten die Angestellten im Winter mit Handschuhen arbeiten. Durch teure Umbauten ist dieses Problem mittlerweile behoben. Zusammen mit dem **Chicago Title & Trust Center** und dem **R. R. Donnelley Building** (77 W. Wacker Drive, Ricardo Bofill, 1992) bildet das Thompson Center eine eindrucksvolle postmoderne Gruppierung. Bertrand Goldberg, Schüler von Mies van der Rohe am Bauhaus in Dessau entwarf 1964 **Marina City** (300 N. State St., auf der gegenüberliegenden Seite des Chicago River).

Mit den beiden wabenförmigen Hochhäusern realisierte er das Konzept von der »Stadt in der Stadt«: Arbeiten, Wohnen und Freizeitgestaltung in einem Gebäudekomplex. Kein gelungener Versuch. Wo sich Chicago River und Michigan Avenue kreuzen, hat sich Kaugummikönig Wrigley mit dem **Wrigley Building** (400 N. Michigan Ave., Graham, Probst, Anderson & White, 1924) ein Denkmal gesetzt. Verziert wie eine Hochzeitstorte wirkt es genauso anachronistisch wie der **Tribune Tower** (435 N. Michigan Ave., Howells & Hood, 1925) auf der gegenüberliegenden Straßenseite. Bleiben wir nun auf der Michigan Avenue. Linker Hand steht der historische **Water Tower** aus dem Jahr 1869, der das Große Feuer überstanden hat. Bei 875 N. Michigan Ave. endet die Walking Tour mit einem Höhepunkt. Das **John Hancock Center** (Skidmore, Owings & Merrill, 1969, s. S. 72), ein 100stöckiges Hochhaus, bietet von der Bar im 95. Stockwerk einen überwältigenden Panoramablick. Am besten bei Sonnenuntergang zu genießen!

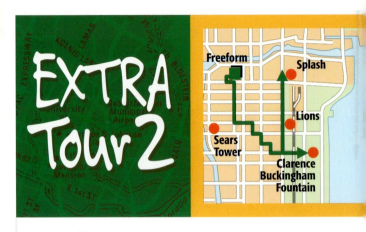

Kunst im öffentlichen Raum – eine Skulpturen-Tour

Das Gesamtkunstwerk Chicago wird vollständig durch die geniale Idee, Skulpturen aufzustellen und der Stadt somit einen weiteren postmodernen Touch zu verleihen. Die Idee: Kunst sichtbar zu machen und nicht in Museen zu verstecken, Architekten sollen angeregt werden, für Kunst im öffentlichen Raum Platz zu lassen. Kunst zum Anfassen also, zugänglich für jeden. Das Gros der Skulpturen befindet sich im Loop, in Chicagos Downtown. Sie stammen von zumeist international bekannten Künstlern. Je nach Betrachtungsweise und Geschmack sind die Skulpturen umstritten oder geliebt, man ist »*delighted*« oder »*shocked*«.

Inzwischen gibt es mehr als 40 solcher Kunstwerke, und jedes Jahr kommen neue hinzu. **Freeform,** die züngelnden Flammen des Chicagoer Bildhauers Richard Hunt (160 N. LaSalle St.), sind in Form gegossener abstrakter Expressionismus, der wie ein heiterer Willkommensgruß über dem Portal des Gebäudes des Staates Illinois prangt. Die Skulptur spiegelt sich im gegenüberliegenden James Thompson Center, vor dessen Eingang das eindrucksvolle **Monument with Standing Beast** des Franzosen Jean Dubuffet steht. Die aus vier Fiberglaselementen bestehende Skulptur in Schwarz/Weiß soll laut Künstler eine Zeichnung sein, die »in den Weltraum hineinragt«. Einen Häuserblock südlich dominiert eine riesige kubistische **Skulptur von Pablo Picasso** den Platz vor dem Daley Civic Center. Der Original-Entwurf ist im Art Institute ausgestellt und ein Geschenk Picassos an die Stadt Chicago. Das Stahlgebilde ist ein kontroverses Objekt, weil es nicht eindeutig identifizierbar ist. Während die einen schwören, es stelle die Abstraktion eines Frauenkopfes dar, sind andere davon überzeugt, Flügel eines überdimensionalen Vogels, ein Fabeltier oder gar den Kopf von Picassos Bassethund zu erkennen. Doch egal, was der Künstler meinte, die Skulptur ist ein ausdrucksstarkes Stück Kunst, das aus jeder Perspektive eine andere Interpretation zuläßt. Seine Ansicht von Chicago nannte Miró

Extra-Tour 2

Kunst gehört in Chicago nicht nur ins Museum: Aluminium-Skulptur Splash an der Michigan Avenue

schlichtweg **Miró's Chicago**, zu sehen auf der Brunswick Building Plaza zwei Blocks weiter südlich auf der Monroe Street. Die »große Erdenmutter« (Miró) hat die Stadt Chicago und einige Sponsoren immerhin 500 000 Dollar gekostet. Ecke Monroe und Dearborn Street beschreibt Marc Chagall **The Four Seasons** auf einer 20 m langen und 4 m hohen Mosaikwand. Chagall entwarf die Wandmalerei aus Tausenden von gläsernen Elementen und schenkte sie den Bürgern der Stadt.

Alexander Calder, mit seinen Stahlgebilden und Mobiles in aller Munde, hat mit der im typischen Rostrot angestrichenen Stahlskulptur **Flamingo** einen lebhaften Kontrapunkt zum danebenstehenden Federal Building von Ludwig Mies van der Rohe gesetzt. Der Vogel mit den gestelzten Beinen steht auf der Federal Center Plaza, einem der ersten Freiplätze in den USA. **Pritzker Park** von Ronald Jones, an der Kreuzung State Street und Van Buren Street, ist keine Skulptur im traditionellen Sinn, sondern ein mit Frank-Lloyd-Wright-Elementen gestalteter kleiner Garten, der zum Ausruhen einlädt. Die **Clarence Buckingham Fountain** im Grant Park ist weniger der Postmoderne zuzuordnen, als eine Reminiszenz an längst vergangene Tage, eine historisch verbrämte Erinnerung an das Schloß von Versailles; hier sinnigerweise von einem Franzosen, François Marcel Loyau, inszeniert. Die **Lions** von Edward Kemey hüten seit beinahe 100 Jahren den Eingang des ehrwürdigen Art Institute. Kemey war spezialisiert auf die Darstellung von Tieren. Direkt neben dem Museum schmückt die **Large Interior Form** des Engländers Henry Moore einen kleinen Freiplatz mit Rasen und Bänken. Er ließ sich bei der Darstellung des offensichtlich weiblichen Körpers von Steinen inspirieren, die er am Strand gefunden hatte. Die Michigan Avenue hinunter, auf dem Vorplatz des Boulevard Tower, macht die Aluminium-Skulptur **Splash** von Jerry Peart gute Laune. Farbenfroh und lebhaft geschwungen bildet sie einen beinahe amüsanten Kontrapunkt zur strengen Fassade des Boulevard Tower.

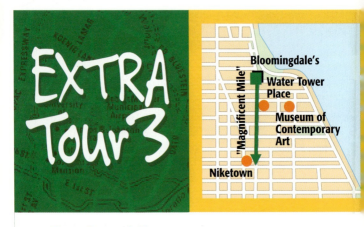

Shopping auf der Magnificent Mile

Eine Tour für Verwöhnte, für Ästheten, für Window-Shopper oder Lottomillionäre. Topdesigner und traditionsreiche Departmentstores sind vereint im Bestreben, ihre edlen Produkte so verführerisch wie möglich zu präsentieren. Konsum und Hedonismus gleichermaßen geben sich auf der Wundermeile Magnificent Mile, einer der prachtvollsten Einkaufsstraßen in den USA, die Ehre. Allerdings gleicht es einem Wunder, sollte man dem geballten Angriff auf die Kauflust widerstehen. Auch die hartnäckigsten Anti-Shopper laufen Gefahr, sich irgendwann mit schön bedruckten Einkaufstüten wiederzufinden! Ein Trost, daß meistens irgendwo ein *sale* stattfindet. Dann sind die Preise erheblich ermäßigt, und sogar auf der teuersten Meile der Stadt lassen sich Schnäppchen machen.

Hausnummer 1, **One Magnificent Mile**, macht ganz im Norden den Anfang. Gegenüber der Kalksteinfassade des schönen Drake Hotel erhebt sich das 57stöckige Hochhaus mit dem Nobelitaliener Spiaggia in der zweiten Etage. Auf Straßenlevel findet man Chanel und auch das Bekleidungsgeschäft für Freunde des amerikanischen Landhausstils, Ralph Lauren. Hier gibt es u. a. die inzwischen zum Kultstatus avancierten Pullover mit den Stars & Stripes sowie qualitativ hochwertige Handtücher. Zwischen East Walton Street und East Delaware Place liegt 900 North Michigan Avenue, dessen Hauptattraktion das legendäre **Nobelkaufhaus Bloomingdale's** ist. Dessen Vorbild in New York ist allerdings nicht halb so schön wie dieses. Auf weiteren sieben Etagen mit 80 marmorverkleideten Shops findet man u. a. den Silberschmied Christofle und die Modemacher Charles Jourdan und Gucci. Auf der siebten Etage wird das Haus zum Hotel. Das Four Seasons, angeblich das beste Stadthotel der Welt, bietet Luxus-Travellern das Beste, was die Dienstleistungsindustrie auf diesem Sektor zu bieten hat (s. S. 46).

Eine Augenweide wartet gleich eine Tür weiter: **Water Tower Place** (Ecke E. Chestnut St.) ist für viele das perfekteste Einkaufszentrum der Welt. Es war eines der er-

Extra-Tour 3

Schaufenster sind an der Shoppingmeile oft eine Augenweide

sten in den USA, in denen die Geschäfte vertikal, also übereinander auf verschiedenen Stockwerken angeordnet waren. Ein altrosa Blümchenrock von Laura Ashley oder verführerisch duftendes Badesalz von Crabtree & Evelyn gefällig? Kein Problem, hier gibt es alles auf acht Etagen, u. a. Ableger der Departmentstores Lord & Taylor und Marshall Field's mit Boutiquen von Giorgio Armani, Calvin Klein und Christian Lacroix.

Den Häuserblock zwischen E. Chicago Avenue und E. Superior Street teilen sich Ghirardelli, der Hersteller feiner Schokoladen aus San Francisco, Modemacher Escada und die Massenbuchhandlung Border's and Books. Hier kann man Kaffee trinken und Bücher lesen. Mit klassischen Art-déco-Elementen versehen, hat **Chicago Place** (Ecke E. Superior St.) den schönsten Eingang aller Shoppingcenter. Die mit Eisen eingefaßten, getönten Fenster sind eine Anleihe aus der Chicagoer Schule. Drinnen gibt es 80 Läden, darunter Saks Fifth Avenue, Ann Taylor mit amerikanischer Mode für die Geschäftsfrau und den legendären Juwelier Peacock, dessen Familie seit 1837 in Chicago Preziosen verkauft. Die oberste Etage des Chicago Place hat einen Palmengarten mit Wasserfall, in romantischer Anlehnung an europäische Wintergärten des 19. Jh. Schade, daß es hier nur *fast food* gibt! Wer's nun nötig hat, besorgt sich im Body Shop (im Eingangsbereich) wundervoll kühlende Peppermint-Lotion für die müden Füße.

Seitdem bekannt wurde, daß Nike seine Nobelturnschuhe für Pfennige in Entwicklungsländern herstellen läßt, ist der gute Ruf lädiert – trotzdem ist **Niketown** (Ecke E. Huron St.) nach wie vor einer der meistbesuchten Shops in ganz Chicago. Eigentlich ist es mehr ein Museum, denn man kommt nur zum Angucken her. Jeder weiß, daß es alle Artikel in den Departmentstores um einiges günstiger gibt. Dasselbe gilt für den Nachbarn Sony, den japanischen Trendsetter in Sachen Technik. Dort sind die technischen Errungenschaften der Zukunft schon heute zu besichtigen und können, wie das virtuelle Wohnzimmer des 21. Jh., sogar ausprobiert werden.

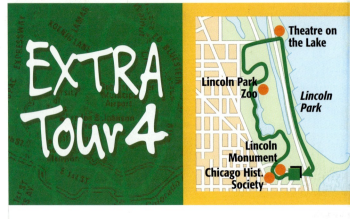

Radtour durch den Lincoln Park

Die grüne Lunge Chicagos ist der Lincoln Park, entworfen vom Landschaftsarchitekten des Central Park in New York, Frederick Law Olmsted. Hier geht man spazieren, man fährt Rad, spielt Badminton, Tennis, Golf, oder man ist ganz USA-typisch dem Rollerbladen oder Joggen verfallen. Für die Bewohner von amerikanischen Mega-Großstädten wie Chicago sind Parks Zufluchtsorte aus dem Alltag. Sie bieten ein Stückchen verlorengegangene Natur und erfüllen die Sehnsucht nach etwas Ursprünglichem, das im Asphaltdschungel verlorengegangen ist. Deswegen ist der Lincoln Park so beliebt, vor allem am Wochenende wird er zu einem lebhaften Spektakel. Besonderen Spaß macht es, den Lincoln Park mit dem Fahrrad oder auf Inline-Skates zu erkunden. Vom 1. Mai bis zum 15. Oktober verleiht Bike Chicago (Tel. 944-2337) Mountainbikes sowie Inline-Skates ab 8 Dollar pro Stunde. Verleihstationen befinden sich u. a. am Oak Street Beach und auch am Lincoln Park Zoo (s. S. 66).

Die Tour beginnt am Gebäude der **Chicago Historical Society** (Clark St./North Ave.) und führt westlich zur **Statue von Präsident Abraham Lincoln**, der von dem Bildhauer Augustus-Saint Gaudens 1887 mit damals üblicher sorgenvoller philosophischer Miene dargestellt wurde. In Richtung Nordwesten führt ein Weg zum **Couch Mausoleum**, eine Erinnerung an den ehemals hier gelegenen Chicagoer Friedhof. Die Unterführung unter der LaSalle Street und dann den Ridge Drive entlang gelangt man zum großen **Monument von General Ulysses Grant**. Weiter auf dem Ridge Drive kommt man zu einer Brücke, die den South Pond überspannt. Von hier aus bietet sich eine wunderbare Sicht auf die Wolkenkratzer hinter den Bäumen.

Wenn man sich links hält, gelangt man zur **Farm in the Zoo**, einem friedlichen Refugium für Stadtkinder, die hier Tiere streicheln, in Scheunen herumstöbern und zuschauen können, wie eine Kuh gemolken wird. Am Westausgang nördlich des Stockton Drive liegt das traditionsreiche **Café Brauer**. Es wurde 1908 im Stil von Frank Lloyd Wrights Prairie School

Extra-Tour ❹

Dem Hochhausmeer entfliehen – die grüne Lunge Lincoln Park entstand auf dem einstigen Stadtfriedhof

erbaut – jammerschade, daß man hier nur *fast food* bekommt. Vor dem Café liegt ein kleiner See mit Tretbooten, im angrenzenden Waldstück steht die **Bronzestatue von Hans Christian Andersen**.

Weiter nördlich auf dem Stockton Drive kommt man nach einer Weile zum **Lincoln Park Zoo**. Die ersten Tiere waren ein von der Stadt New York geschenktes Schwanenpaar. Die Häuser für die Tiere, kleinen Mausoleen ähnelnd, sind im Inneren erschreckend klein, sollen aber laut Zoodirektion in den kommenden Jahren zunehmend der natürlichen Umgebung der Tiere angepaßt werden.

Am Westeingang verlassen wir den Zoo und fahren weiter nördlich zum **Lincoln Park Conservatory** mit Treibhäusern und einem tropischen Garten mit allen nur denkbaren exotischen Pflanzen und Palmen. Hier stehen auch Büsten von Sir Georg Solti, dem ehemaligen Dirigenten des Chicago Symphony Orchestra, von Friedrich von Schiller und William Shakespeare. Wer Lust hat, kann am **North Pond** ein Ruderboot mieten. Unmittelbar neben dem Konservatorium befindet sich die **Zoo Rookery**, 1937 im *prairieschool-style* gebaut. Der Rabenhorst mit ansässigen Vögeln und solchen, die hier überwintern, ist umgeben von japanisch inspirierten Pavillons. Weiter auf dem Stockton Drive und dann östlich auf dem Fullerton Parkway sieht man die einzige moderne Skulptur im Lincoln Park, eine aus rostfreiem Stahl geschaffene Arbeit von Bildhauer Ellsworth Kelly mit dem Titel **I Will**. Laut Künstler symbolisiert sie Chicago als Geburtsstadt der Wolkenkratzer. Dann geht es zum **Theatre on the Lake**, das direkt am Ufer des Lake Michigan liegt. Jährlich werden in den Sommermonaten acht Theaterproduktionen aufgeführt. Vom Theater aus hat man eine phantastische Sicht auf den See, die Natur und die sich im Hintergrund erhebende Skyline von Chicago – ein beinahe unwirklicher Anblick. Von hier aus kann man am schönsten Strand Chicagos, dem North Avenue Beach, einem Mekka für Volleyballspieler, entlangfahren und wieder zum Ausgangspunkt zurückkehren.

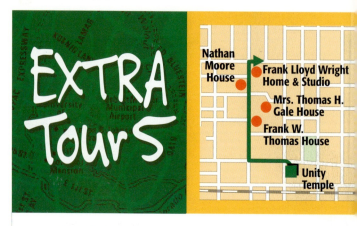

Oak Park – die Präriehäuser des Frank Lloyd Wright

Nur drei amerikanische Architekten des 19. und 20. Jh. haben einen radikal neuen Baustil erfunden: Louis H. Sullivan, Henry Hobson Richardson und Frank Lloyd Wright (1867–1959). Wright hat sich am vehementesten von den bis dato akzeptierten klassischen Bauweisen und Design ab- und neuen Formen zugewandt. Seine Jugend verbrachte er im ländlichen Wisconsin, dessen vorherrschende Landschaftsform die Prärie ist. Dort entdeckte er seine Liebe zu den Formen und Farben der Natur und wurde von seinen Eltern nach den progressiven Vorstellungen der Unitarier erzogen.

Über seine gesamte Schaffensperiode von 70 Jahren blieb die Natur Wegweiser für Wrights Entwürfe. Der sogenannte Prärie-Schul-Stil reflektiert eine, wie er es nannte, »organische Architektur«: Klare, am Horizont orientierte Linien, offene Flächen und die Nutzung von Holz – ein immenser Unterschied zur damals vorherrschenden viktorianischen Bauweise. Wright war überzeugt, daß ein guter Architekt mehr von der Natur lernen könne als vom Studium vorherrschender Baustile. Von 1889 bis 1909 lebte Frank Lloyd Wright in Oak Park, wo 25 seiner Prärie-Häuser zu sehen sind. Ein Mekka sondergleichen für Architektur-Fans, obwohl die meisten Häuser in Privatbesitz sind und nur von außen besichtigt werden können. Im **Oak Park Visitors Center** (158 Forest Ave., Tel. 708/848-1500) kann man sich mit Karten oder Walkman für eine Audio-Tour (auch in deutscher Sprache) ausstatten, um dann zum **Unity Temple** (875 Lake St.) zu gehen. Wright führt durch niedrige, dunkle Gänge in hohe, helle Räume. Er spielt mit Farbe, Geometrie und Material. Seine Idee war ein Gotteshaus, das die kraftvolle Einfachheit alter Tempel ausdrückte und daher als Tempel bezeichnet werden sollte. Die Kunstglasscheiben tauchen den ganzen Raum in bernsteinfarbenes Licht; alle anderen Ornamente sind auf den vorherrschenden Gelbton abgestimmt. Wieder am Bookshop vorbei gelangt man einen Häuserblock weiter zum **Frank W. Thomas House** (210 Forest Ave.,

Extra-Tour

Lloyd Wrights Architekturstil ist so eigenwillig wie naturverbunden. Im Oak Park – hier das Moore Haus – ist er besonders gut zu sehen

1901), dem ersten Prärie-Schul-Haus von Wright. Typisch für die frühen Bauten sind die Türbogen und die mit Bleiglas eingefaßten Fenster. Das **Peter A. Beachy House** (238 Forest Ave., 1906) ist von der Bauweise und den verwendeten Materialien Ziegelsteine, Holz und Zement völlig untypisch für Wright, allerdings erkennt man den Meister sofort an der Ornamentgebung. Die Balkone am **Mrs. Thomas H. Gale House** (6 Elizabeth Court, 1909) weisen auf einen Baustil voraus, den Wright ab 1930 anwandte. In den 20er Jahren hatte dieses Haus großen Einfluß auf europäische Architekten. Eines der schönsten Exemplare klassischer Prärieschule ist das **Arthur B. Heurtley House** (318 Forest Ave., 1902). Bemerkenswert ist der Effekt der zweifarbigen Ziegelsteine auf die Oberflächenstruktur. Beim Bau des **Nathan Moore House** auf der gegenüberliegenden Straßenseite (333 Forest Ave., 1895) experimentierte Wright mit verschiedenen Stilrichtungen – englischer Tudor-Stil überwiegt zwar, doch der Einfluß seines Lehrmeisters Louis H. Sullivan ist deutlich. Von architektonischer und historischer Bedeutung ist das **Frank Lloyd Wright Home and Studio** (951 Chicago Ave., Haus: 1889, Studio: 1898). Im Studio entwarf und experimentierte Wright 20 Jahre lang mit neuen Formen und Materialien, hier ist der offizielle Geburtsort der »Prairie School Architecture«. Sein Haus ist zugleich das erste, das er selbst baute und in dem er von 1889 bis 1911 wohnte. Seine Entwürfe entsprachen oft rein pragmatischen Überlegungen: Wright vergrößerte das Eßzimmer nach der Geburt jedes seiner sechs Kinder und baute, für damalige Verhältnisse ausgesprochen fortschrittlich, ein Spielezimmer. Home & Studio sind heute ein bauhistorisches Museum, das besichtigt werden kann (s. S. 77).

Oak Park befindet sich etwa 9 Meilen von Chicago Downtown. CTA: Oak Park (Green Line), Info-Tel. 708/848-1976. Touren: Mo–Fr 11, 13, 15 Uhr, Sa, So 11–16 Uhr alle 15 Min. ab Gingko Tree Bookstore, 951 Chicago Ave.

Impressum/Fotonachweis

Fotonachweis

Titel: Kids in Chicagos Zentrum
Vignette S. 1: Straßenmusiker an der Michigan Avenue
S. 2/3: Im Flughafen O'Hare
S. 4/5: Skater am Lakeshore
S. 20/21: Wandbild mit berühmten Jazzmusikern

Susanne L. Born, Aptos/USA, S. 35
Manfred Braunger, Freiburg, S. 10, 39
Jan Greune, Look, München, S. 69, 81, 87
Bernd Gruschwitz, Bremen, S. 44, 65, 89, 93
Christian Heeb, Look, München, Vignette, S. 2/3, 7, 8/9, 20/21, 28, 32, 36, 37, 42/43, 46, 47, 78, 85, 91
Karl Johaentges, Look, München, S. 24, 71, 75
Shura Kraëff, Aptos/USA S. 29, 30, 50, 54/55
Anna Neumann/laif, Köln, Titelbild, S. 4/5, 6, 7, 27, 49, 52, 53, 58, 59, 61, 63

Kartographie: Berndtson & Berndtson Productions GmbH, Fürstenfeldbruck
© DuMont Buchverlag

Alle in diesem Buch enthaltenen Angaben wurden von der Autorin nach bestem Wissen erstellt und von ihr und dem Verlag mit größtmöglicher Sorgfalt überprüft. Gleichwohl sind inhaltliche Fehler nicht vollständig auszuschließen. Ihre Korrekturhinweise und Anregungen greifen wir gern auf. Unsere Adresse: DuMont Buchverlag, Postfach 101045, 50450 Köln, E-Mail: reise@dumontverlag.de

Die Deutsche Bibliothek – CIP-Einheitsaufnahme
Born, Susanne L.:
Chicago/Susanne L. Born.
Köln : DuMont, 1998
 (DuMont Extra)
 ISBN 3-7701-4421-X

Grafisches Konzept: Groschwitz, Hamburg
© 1999 DuMont Buchverlag, Köln
1. Auflage 1998
Alle Rechte vorbehalten
Druck: Rasch, Bramsche
Buchbinderische Verarbeitung: Bramscher Buchbinder Betriebe
ISBN 3-7701-4421-X

Register

Adler Planetarium & Astronomy Museum (G 11) 75
Allegro Chicago (E 9) 24
Allerton (F 8) 24
Amoco Building (F 9) 70 f.
Ann Sather's (C 2) 38
Apollo Theatre (C 3) 64 f.
Art Institute of Chicago (F 10) 75
Arun's (nördl. A 1) 38 f.
Auditorium Building (F 10) 84
Auditorium Theatre (F 10) 65
Ba-Ba-Reeba! (D 5) 39
Bed & Breakfast Chicago 22
Berghoff's (E 10) 39
Best Western River North (E 8) 24 f.
Big Bowl (E/F 7) 39 f.
Blackhawk Lodge (F 8) 32
Blackstone Hotel (F 10) 22
Bloomingdale's (F 7) 46, 88
Blue Mesa (D 6) 33
Bucktown (A 5) 68
Capital Grille (F 8) 38
Café Brauer (E 5) 42
Café Voltaire (D 2) 42
Carbide & Carbon Building (E/F 9) 71
Carson Pirie Scott Store (E/F 9) 71
Celebrity Cafe (E 9) 41
Charlie Trotter's (C 5) 33
Chicago Academy of Science (G 8) 75 f.
Chicago Architecture Foundation (F 10) 76
Chicago Board of Trade Building (E 10) 84
Chicago Botanic Garden 80
Chicago Cultural Center (F 9) 76
Chicago Hilton & Towers (F 10/11) 26
Chicago Historical Society (E 6) 76
Chicago Marriott Hotel (F 8) 25
Chicago Opera Theatre (F 10) 63
Chicago Title & Trust Center (E 10) 85
City Suites Hotel (C 2) 22 f.
Clarence Buckingham Fountain (F 10) 87
Claridge Hotel (E 6) 23
Clarion Executive Plaza (F 9) 25
Comedy 61

Comfort Inn (D 3) 23
Crofton on Wells (E 8) 32 f.
Days Inn Lake Shore Drive (G 8) 23
D.B. Kaplan's Deli (F 7) 30
Dearborn Station (E 11) 71 f.
Delaware Building (E 9) 72
DuSable Museum of African-American History 76 f.
Drake Hotel (F 7) 26
Eccentric (E 8) 33
Ed Debevic's (E 8) 35 f.
Eli's, the Place of Steak (F 7) 38
Embassy Suites Hotel (E 8) 26
Episcopal Cathedral of St. James (F 8) 74
Everest (E 10) 41
Field Museum (F 11) 77
Flamingo (E 10) 87
Four Seasons Hotel (F 7) 29
Frank Lloyd Wright Home & Studio (westl. A 7) 77
Freeform (E 9) 86
Galena 80
Glessner House (südl. F 12) 72
Gold Coast (F 6) 68
Gordon (E 8) 33
Gourmand Coffeehouse (E 8) 42
Grant Park (F 9-11) 79
Hard Rock Cafe (E 8) 36
Harold Washington Library (E 10) 84
Hat Dance (E 8) 40
Hatsuhana (F 8) 40
Henry B. Clarke House 72
Hyatt on Printers's Row (E 10) 25
Hyde Park (südl. E 12) 68
Hubbard Street Dance Company (F 10) 65
Inter-Continental Chicago (F 8) 26
Isaiah Israel Temple 74
James R. Thompson Center (E 9) 85
John Hancock Center (F 7) 72, 85
Johnny Rockets (F 7) 30
Kinos 61 f.
Klassik 62
Lakeview 68
Large Interior Forum (F 10) 87
LaSalle Towers (E 9) 72
Lincoln Park (E 4) 69, 79, 90 f.

Register

Lions (F 10) 87
Long Grove Historical Village 80 f.
Loop 69 f.
Lyric Opera (E 9) 63
Magnificent Mile (F 7/8) 70, 88 f.
Marina City (E 9) 85
Marquette Building (E 10) 85
Marshall Field Store (E/F 9) 47, 72
Medinah Temple (F 8) 74
Merchandise Mart (E 8/9) 73
Metropolitan Correctional Centre (E 10) 73
Michael Jordan's (E 8) 36
Midwest Buddhist Temple (D 5) 74
Miller's Pub (F 10) 36
Milwaukee 81
Miró's Chicago (E 9) 87
Monument with Standing Beast (E 9) 86
Morton's of Chicago (E 6) 38
Motel 6 Chicago (F 8) 23
Museum of Contemporary Art (F 7) 77
Museum of Contemporary Photography (F 10) 77
Museum of Science & Industry 77
Musical 64 f.
National Vietnam Veterans Art Museum (südl. F 12) 78
Navy Pier (G 8) 67
Nick's Fishmarket (E 9) 37 f.
Oak Park (west. A 7) 70, 92 f.
Oak Terrace (F 7) 41
Old Town (D/E 6) 68
Omni Chicago (F 8) 29
Oper 63
Orchestra Hall (F 10) 62
Original Pancake House (E/F 7) 30
Park Brompton Inn (D 1) 23 f.
Planet Hollywood (E 8) 36 f.
Prairie (E 10) 33, 92 f.
Printer's Row ((E 10) 34
P. J. Clarke's (E 6) 34
Pritzker Park (E/F 10) 87
P.S. Bangkok 2 (D 4) 40
Rainforest Cafe (E 8) 37
Raphael Hotel (F 7) 25
Ravinia Festival (außerhalb) 62 f.
River North 70
Ritz-Carlton Hotel (F 7) 29
Rock 'n' Roll McDonald's (E 8) 37
Rookery (E 10) 84 f.
R. R. Donelley Building (E 9) 85
Russian Tea Time (F 10) 40
Santa Fe Center (F 10) 84
Sears Tower (D 10) 73, 84
Shedd Aquarium (G 11) 78 f.
Sheraton (E 8) 28
Signature Room (F 7) 41 f.
Six Flags Great Amerika 67
Skulptur von Pablo Picasso (E 9) 86
Soul Kitchen (C 8) 34
South Loop (E/F 10-12) 70
Spertus Museum (F 10) 79
Splash (F 9) 87
Spruce (F 8) 34 f.
Steppenwolf Theatre Company (D 6) 65
St. Germain Bakery & Café (E/F 7) 43
St. Michaels Church (D 5) 74 f.
Studebaker Building (F 10) 73
Surf Hotel (D 3) 24
Sutton Place Hotel (F 7) 28
Swissôtel Chicago (F 9) 28
Talbott Hotel (E/F 7) 26
Talkshows 62 f.
Terra Museum of American Art (F 8) 79
The Four Seasons (E 9) 87
The Second City (E 6) 61
Theater 64 f.
Third Coast Café (E 7) 43
Topolobampo (E 8) 40 f.
Tribune Tower (F 8) 85
Viennese Kaffeehaus Brandt (B 1/2) 43
Whitehall Hotel (F 7) 28 f.
Wicker Park (A 5/6) 68
Wishbone (C 9) 35
Wrigley Building (F 8) 85
Wrigleyville (B/D 1 u. nördl.) 68 f.
Yoshi's Cafe (D 1) 41
Xerox Center (E 9/10) 74
Zinfandel (E 8) 35
8th Street Deli (F 10) 32
311 S. Wacker Drive (E 9) 73
333 Wacker Drive (E 9) 73